3ステップで学ぶ

自治体SDGs

STEP

実践に役立つメソッド

笹谷 秀光

ぎょうせい

はじめに

今やＳＤＧｓは政策そのものです。その上、政策の主流を占めています。その象徴が「まるごと未来都市」をつくる「スーパーシティ構想」で、「スーパーシティ×ＳＤＧｓ」です。２０２０年６月にそれを裏付ける特区法の改正が行われました（第１巻参照）。

また、最新の環境白書や林業白書では大々的にＳＤＧｓ特集が組まれています。ＳＤＧｓを使いこなさなければ、最新の政策の動きからも出遅れます。政策の変化のスピードも速いです。新型コロナウイルスの対処での「グレート・リセット」では、大きな社会変革を伴います。この激動の中で使える優れた羅針盤がＳＤＧｓなのです。

この自治体ＳＤＧｓの三部作はＳＤＧｓを各地域に合わせて実践する（＝「ローカライズ」）ためのヒント集です。

まずは第１巻を一気に読み進め、ＳＤＧｓの必要性が理解できたと思います。この第２巻では、自治体ＳＤＧｓを実践するためのメソッドを示します。

本書は政府の「まち・ひと・しごと創生総合戦略」やＳＤＧｓ未来都市制度を解説するものではありません。それはあまりにも網羅的であり、役人の仕事です。

私は「産」「官」「学」の全てを経験しています。31年間農林水産省に勤務し、中山間地域活性化推進室長や卸売市場担当の市場課長などを務めました。外務省での米国大使館勤務や環境省での気候変動条約交渉やクールビズの広報なども担当しました。

その後、総合飲料メーカーの株式会社伊藤園で取締役などとして11年間ビジネスに身を置き、サステナビリティの責任役員を務め、今はＰｗＣ Ｊａｐａｎグループというプロフェッショナル・サービス・ファームのネットワークで顧問をしています。また、学会ではグローバルビジネス学会や日本経営倫理学会で理事になり、現在、千葉商科大学教授です。

このように産官学の経験を活かし、集大成として、『Ｑ＆Ａ ＳＤＧｓ経営』（日本経済新聞出版・２０１９年10月）を上梓させていただきました。同書も活かし、行政と企業の「橋渡し」の視点も入れます。

企業人の目線で政策を読んでみて、なぜ役人の書いた戦略がわかりにくいか、という理由がよくわかりました。政府や自治体の戦略は「マクロ的」「網羅的」で、企業人には「自分事化」しにくいのです。四半期決算に追われる企業には「自社に何が関係するか」という整理が必要です。

そのため、政府や自治体の戦略を自社に紐付けする「読み解き」が必要で、「この政策のここにビジネスの芽があります」というと、がぜん企業人の関心が高まります。ただ、この作業は政策をよく理解しないと難しいでしょう。

はじめに

自治体関係者も東京の霞が関で政策の説明を聞いた帰り道に、自身の自治体向けに「自分事化」して説明するにはどうするか頭を悩ませます。

本書では、SDGsという外来語の読み解きも加わります。そこで、わかりやすい大和言葉で、「腹落ちする」「気づき」を与える解説をします。

SDGsは、幅広く経済・社会・環境の課題をカバーし、自治体行政の全てに関連します。そして、2021年に延期になりましたが、東京オリンピック・パラリンピックでは、SDGsで調達や運営のルールができています。続いて、2025年の大阪・関西万国博覧会のテーマはSDGsです。ぜひオールジャパンで、目標達成を目指しましょう。

SDGsは、自治体、企業、関係団体、大学、メディアのビジネスパーソンをはじめ、全ての人に必須の「新常識」となりました。この三部作がSDGsの理解を深める一助になることを期待しています。

令和2年10月

千葉商科大学基盤教育機構・教授　笹谷　秀光

目　次

第２章 関係者の役割と連携のポイント

第３章　ＳＤＧｓ推進でまちはどう変わる？

※本書中の第1巻、第2巻、第3巻とは、本シリーズ以下の書名を指す。
第1巻『STEP①　基本がわかるQ＆A』
第2巻『STEP②　実践に役立つメソッド』
第3巻『STEP③　事例で見るまちづくり』

Sustainable
Development
Goals

序章

なぜ今、自治体SDGsか？

ＳＤＧｓの主流化

政府はＳＤＧｓができた後、２０１６年に全閣僚をメンバーとする「ＳＤＧｓ推進本部」をつくり、関係者にＳＤＧｓの実践を呼びかけています。ＳＤＧｓが自治体はもちろん、投資家、企業、取引先、消費者、大学、メディアなどの関係者に広がりつつあります。今や、ＳＤＧｓは単に参照するものではなく主軸としてとらえるべきという意味で「主流化」しています。

政府は「ジャパンＳＤＧｓアワード」の表彰を２０１７年度から3年間で40件近く選定しました（企業や自治体以外にも幅広い組織を対象）。

また、内閣府・地方創生推進事務局が「ＳＤＧｓ未来都市」をこの3年間で93都市（大阪府と大阪市の共同提案が含まれるので94自治体）を選定しました。この政策は、自治体の間に競争原理を働かせました。なぜあの自治体がＳＤＧｓ未来都市なのか、なぜ自分の自治体は選ばれないのかといった議論が沸き起こりました。選定されたのは全国で47ある都道府県のうち10、１８００近くある市町村・区のうち84です。

先進自治体は一斉にＳＤＧｓを既存の総合計画などに当てはめＳＤＧｓ未来都市への応募作業に入っています。意識の高い首長は、ＳＤＧｓを使った新たな行政体系の構築に興味を持ち、それを推進する部局である総合企画や戦略部局も頑張っています。

しかし既存の制度や予算の権限を持っている各部局の責任者は、なぜ今更そのような外来の概念が必要なのかとＳＤＧｓに理解を示さず、役所の縦割り構造がＳＤＧｓ推進を阻害しているのではないでしょうか。ＳＤＧｓ活用に関して自治体内でコンセンサスがないと、責任部局は首長からの指示と各部局との間で「サンドイッチ」になってしまうわけです。

企業の現場でもほぼ同じような状況が生じています。

このような状況下で、首長や責任者にはＳＤＧｓの最新の情報を、担当の職員や責任者にはどのように関係部署と連携し、関係者を説得していくのか、といったコツをお伝えするのがこの第2巻のねらいです。

SDGsとは何か

復習しておきますと、ＳＤＧｓは、「サスティナブル・デベロップメント・ゴールズ」の略語で、「持続可能な開発目標」と訳されています。17目標と１６９のターゲット（やるべきことリスト）から構成される２０３０年に向けた持続可能な社会づくりの世界目標です。「持続可能性」とは、「世のため、人のため、自分のため、そして子孫のため」というイメージです。この「子孫のため」という世代軸が入っていることが非常に重要です。

ＳＤＧｓは、17の目標だけを見ているとイメージが湧きにくいので17の目標それぞれに紐付いている169のターゲットまで見る必要があります。しかし、169のターゲットは、数も多く複雑なのでかえってわかりにくくなります。

そこで、自治体と関係がありそうな内容に焦点を当てて、ターゲットも含めて簡潔に整理してみました（表参照）。自治体に関連付けてみると相当いろいろなことが関係するのがわかると思います（詳しくは第1巻。17目標のわかりやすい説明の仕方は第4章参照）。

「SDGs」17目標の主なターゲットと行政の関連

目　標	主なターゲットと行政の関連
1.貧困をなくそう	途上国での貧困撲滅、先進国での相対的貧困の解消、社会保護制度・対策の充実なども含まれる。
2.飢餓をゼロに	途上国での飢餓撲滅のほか、食料の安定確保、栄養状態の改善や農産物の産地育成などによる持続可能な農業も含まれる。
3.すべての人に健康と福祉を	健康、福祉を増進するための病気の予防のほか、自殺者の減少や道路交通事故死傷者の減少も含まれる。
4.質の高い教育をみんなに	乳幼児ケアから、アクティブ・ラーニングなどの質の高い学校教育、職業訓練・研修などのほか、持続可能性を理解するための教育が重視されている。
5.ジェンダー平等を実現しよう	すべての女性と女児の能力強化や女性の参画及び平等なリーダーシップを図る。
6.安全な水とトイレを世界中に	飲料水や、下水施設・衛生施設、水に関連する生態系のほか、途上国では衛生面からトイレの設備の向上が課題。

目 標	主なターゲットと行政の関連
7.エネルギーをみんなに そしてクリーンに	風力発電、太陽光発電などの再生可能エネルギー、クリーンエネルギーなどが重要な課題。
8.働きがいも経済成長も	経済成長、雇用およびディーセント・ワーク（働きがいのある人間らしい仕事）を推進する。働き方改革もこの項目。
9.産業と技術革新の基盤をつくろう	様々な技術革新、インフラ改良、研究開発、科学研究、技術能力向上など幅広い課題が含まれる。
10.人や国の不平等をなくそう	国内及び国家間の格差を是正する。すべての人々の能力強化、機会均等、平等の拡大など。
11.住み続けられるまちづくりを	都市、住宅、輸送システム、文化遺産・自然遺産、災害復興、緑地や公共スペースの整備など。
12.つくる責任 つかう責任	持続可能な消費と生産、消費者による商品選択、リサイクル、持続可能なライフスタイルへの意識改革。最近、食品ロス、廃プラなどが話題。
13.気候変動に具体的な対策を	気候変動を緩和する対策、適応していくための対策や、関連する教育、啓発も含まれる。
14.海の豊かさを守ろう	海洋と海洋資源を持続可能な形で利用すること、海洋汚染防止、適正な漁獲規制。「海のエコラベル」も含まれる。
15.陸の豊かさも守ろう	陸上生態系の保護、森林の管理、砂漠化への対処、土地劣化の防止などや生物多様性の保全。
16.平和と公正をすべての人に	平和の確保のほか、汚職や贈賄の防止、法令やルールを守る公正性の確保。コンプライアンスや情報セキュリティも含まれる。
17.パートナーシップで目標を達成しよう	持続可能性に向けて、様々な関係者での連携・協働、官民や市民社会のパートナーシップを奨励・推進する。

ＳＤＧｓの本質と「怖さ」

ＳＤＧｓは、自主的取り組みが基本です。「やれる人がやれるところからすぐにでも着手しよう」というルールです。そうしなければ、もはや地球規模の課題の対処に間に合わないという危機感が背景にあります。

このルールは怖いです。なぜなら、どんどん差がつくからです。「ぼーっと」していれば置いていかれます。日本が欧米に置いていかれる。日本の中でもＳＤＧｓ仲間の埒外に置かれる。ＳＤＧｓ未来都市の仲間から外れていく、といったことになります。

ルールが変わったのです。横並び思考から一刻も早く抜け出して、すぐにでも自分の自治体は何をすべきか、自分は何ができるかを、ＳＤＧｓをヒントに考えなければいけません。今ならまだぎりぎり間に合うでしょう。

地方創生では、２０１４年の暮れに「まち・ひと・しごと創生法」、いわゆる地方創生法が施行されました（以下「地方創生法」）。その後5年間で地方創生の総合計画づくりなどに注力してきた自治体が多いと思います。

このような中でＳＤＧｓを使って地方を活性化させようという動きが２０１７年から政府のＳＤＧｓ推進本部長である総理大臣の指示によりスタートしました。自治体では地方創生の総合計画をつくった途端に、ＳＤＧｓという外来語の概念の当てはめが必要になったわけです。

自治体ＳＤＧｓの政策はいつから始まった？

自治体ＳＤＧｓの基本を示したのが、２０１７年11月29日に発表された『「地方創生に向けた自治体ＳＤＧｓ推進のあり方」コンセプト取りまとめ（自治体ＳＤＧｓ推進のための有識者検討会、以下「コンセプト取りまとめ」）という文書です。この検討会の座長は村上周三氏（一般財団法人建築環境・省エネルギー機構理事長）が務めました。

地方創生とＳＤＧｓについては、２０１７年６月９日に開かれたＳＤＧｓ推進本部会合（第３回）における、ＳＤＧｓは、「まさに地方創生の実現にも資するものです。関係閣僚が連携して、ＳＤＧｓ達成に向けた地方の取組を促進する施策を検討、実施していくようお願いします」との総理大臣からの指示に基づいています。

同日「まち・ひと・しごと創生基本方針２０１７」が閣議決定され、「地方公共団体における持続可能な開発目標（ＳＤＧｓ）の推進」が盛り込まれました。その後、２０１９年12月発表の「第２期まち・ひと・しごと総合戦略」では明確にＳＤＧｓが横断的な目標のひとつとして位置付けられました。

ＳＤＧｓは、先進国、途上国を問わず、世界全体の経済、社会及び環境の三側面における持続可能な開発を統合的に推進するものです。17の目標や169のターゲットは地方創生の推進に役立ちます。

このような政策のベースとしては「環境未来都市」がありました。この構想は、同様の三側面に着目し、新たな価値創出によるまちの活性化を目指したものです。これはSDGsの取り組みを先取りしていました。

これを国際的な共通言語を使ってSDGs化していくことになります。この点が一方で難しさを醸し出しています。なぜなら、同様の考えがもともと日本にあったのであれば、今更なぜSDGsのような外来語が必要なのかという議論になりやすいからです。これについては、日本の政策が世界に通用する内容かどうかを考えればわかります。残念ながら、世界にそのまま通用するものは少ないでしょう。SDGsを使えばすぐにも世界に通用するものになるのです。

また、SDGsという世界の共通言語に照らし合わせると、これまでの政策の見直しにもなります。

調査結果からみる現状とポテンシャルの高い日本

このように、地方創生SDGsが打ち出されて3年がたちましたが、自治体にはどの程度浸透しているのでしょうか。

内閣府では、全国アンケート調査を行っています（２０１８年12月11日発表）。１７８８自治体を対象に調査し、回答自治体数は１０２０自治体。質問内容は自治体におけるＳＤＧｓの認知度、関心度、推進の方向性、推進に当たっての障壁、推進のメリットなどです。

この調査結果を見ると大変興味深いです。

まず、ＳＤＧｓへの関心度は、非常に関心がある９％、関心がある48％、あまり関心がない29％、まったく関心がない１％、わからない14％です。半数を超える57％は関心がある自治体となっています。

しかし、ＳＤＧｓについて取り組みをしているかどうかについては、推進しているのは９％にとどまり、今後推進していく予定がある７％、今後推進を検討していく予定がある36％。推進しておらず今後推進していく予定もない49％と、半数近くはＳＤＧｓの推進に興味を示していないのです。

また、ＳＤＧｓ未来都市モデル制度について、知っている自治体が69％であるのに対し、知らない自治体は31％と、かなり目立つ制度のわりに31％も知らないというのはいかがなものかと思います。一般的にこのような新規政策については、国は自治体に働きかけますから、これは低すぎると思います。

２０１８年度に本制度へ応募した自治体は５％、応募しなかった自治体は80％となっています。その理由は様々ですが、応募率がかなり低いことがわかります。

障害についても聞いています。先行事例や成功事例がない等の理由が挙げられています。行政内部での理解や経験・専門性の不足や地域住民の関心が低いなどの理由もあります。

自治体ＳＤＧｓモデル事業の活用に関しては、具体的な事業に積極的に活用したい２％、状況により活用したい８％、今後予定している事業に活用したい２％、今後活用を検討していく予定である35％となっています。

以上の調査結果を見た私の感想は次の通りです。

すでに自治体ＳＤＧｓは２０１７年以降、本格的に動き出し、２０１８年度から２０２０年度までに90以上のＳＤＧｓ未来都市を選定しました。地方創生ＳＤＧｓについては、３年がかりでかなり緻密な制度ができ上がり、充実した政策体系です。内閣府の地方創生推進事務局が全自治体に様々な働きかけ行っていると思いますが、必ずしも十分に自治体に浸透していないのではないかと思います。また調査への回答率が60％弱と高くないことも気になります。

文明論としてのＳＤＧｓ

ＳＤＧｓは、世界の共通言語であり地球の未来を考える場合の羅針盤になるにもかかわらず、日本社会ではまだまだ世界に比べ、その認知度は低いと言わざるを得ません。

ＳＤＧｓのアイコンを横に並べて、１番は、２番は、３番は、と暗記型で学習しているのでは頭に入りにくいものです。

例えば、スウェーデンにあるレジリエンスセンターが、ＳＤＧｓができた半年後の２０１６年にＳＤＧｓをウェディングケーキのように解釈しました。一番底の部分に環境関連の目標、その上に社会関連の目標を載せ、さらに経済関連の目標を載せます。そして17番のパートナーシップが全体を貫くといった見せ方です。欧米諸国は、新たなルールができると直ちに自分ならこのように考えるという「自分事化」することが得意です。

日本の自治体では、17の目標を政策に当てはめると全て当てはまりますが、これはいわば「規定演技」のようなものです。１６９のターゲットレベルに当てはめて、その中から自分は何を重点にするのかという「自由演技」を考えていくべきです。

フィギュアスケートにたとえると、トリプルアクセルはうまいです、4回転ジャンプはできます、しかし、通常のスピンとかターンはできない。これでは駄目です。したがって、自由演技をするためには規定演技に適格に対応しなければいけないということです。ＳＤＧｓをきちんと理解しないと、「怖い」のはこの辺です。このように、ＳＤＧｓという世界の共通言語は、とらえ方や使い方にお国柄が出るので、文明論の様相を呈していると思います。是非、本書を読んでしっかりとＳＤＧｓの本質をつかみ、規定演技を終えて自由演技にチャレンジしていただきたいと思います。

私は、自治体ＳＤＧｓを理解する場合は、最も関連の深い目標11番「住み続けられるまちづくり」を真ん中に据え、まちづくりがあらゆる目標に関係あるという見せ方も有力だと思います（第1巻参照）。実は目標11番は「都市のＳＤＧｓ」とも言われ、唯一実際に見える目標であり、都市は「Systems of Systems」と言われているわけです。

　このように自分なりの整理を示してＳＤＧｓを使いこんでいくのです。本書ではこのような「柔軟な」思考方法をお示しします。

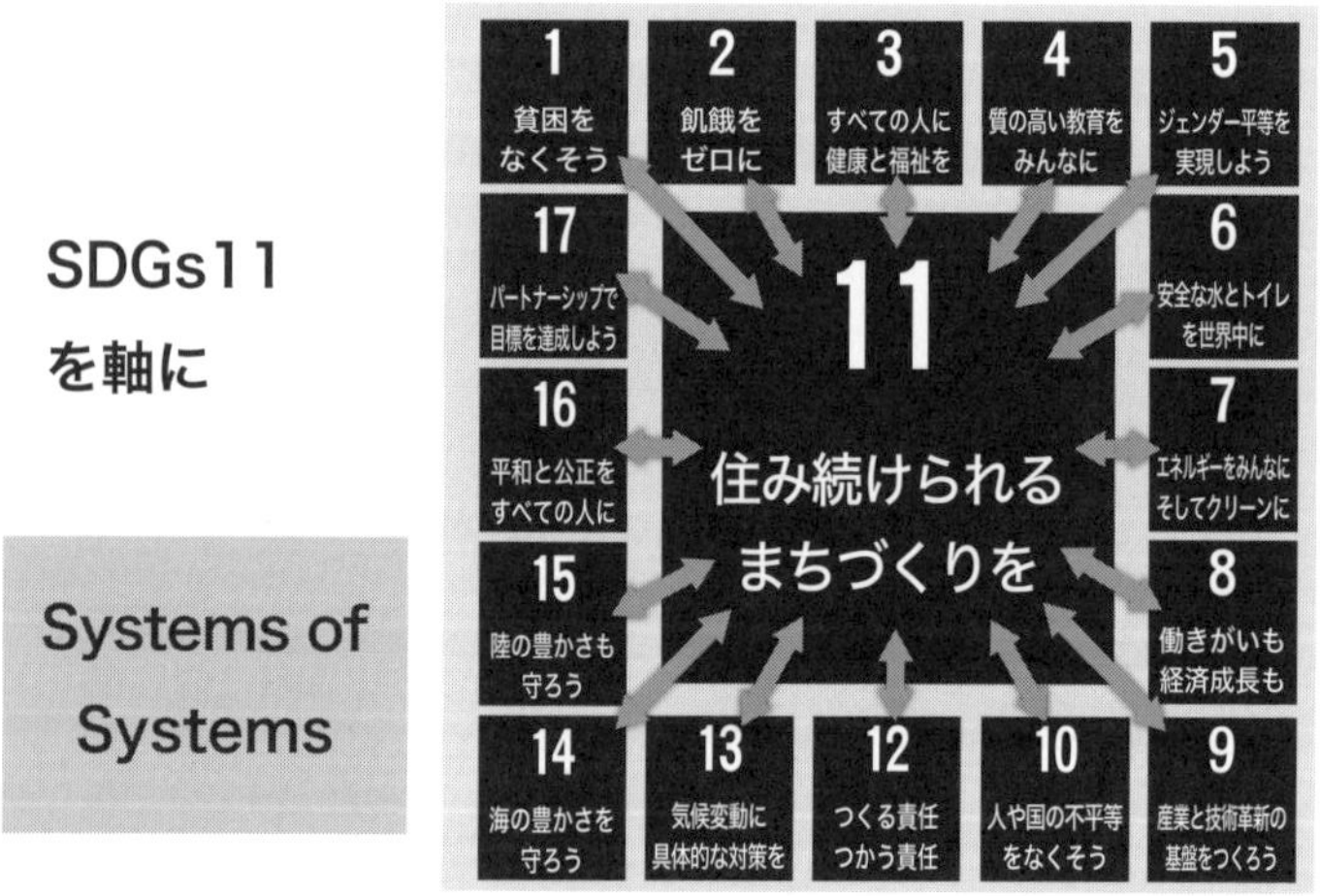

※筆者作成

SDGs11を軸に

Sustainable
Development
Goals

第1章

実践のプロセスを理解しよう！

SDGs推進について、「何から始めればよいかわからない」という方はいませんか。まずは、本章の実践のプロセスの全体像を見て、第一歩を踏み出しましょう。

国連でSDGsが策定されてから、様々なガイドラインができています。

企業向けには、企業へのSDGs導入指針である「SDGコンパス」(注:小文字のsはつきません)が発行されています。これは、2016年3月にGRI(Global Reporting Initiative)、国連グローバル・コンパクト(UNGC)、持続可能な開発のための世界経済人会議(WBCSD)の3団体が共同で作成したものです。日本語にも翻訳されており、「コンパス」とは羅針盤を意味します。

日本では、環境省の「SDGsガイドライン」や経済産業省の「SDGs経営ガイド」などがあります。

自治体向けのガイドラインとしては、国土交通省住宅局の支援の下、一般財団法人建築環境・省エネルギー機構内に設置された「自治体SDGsガイドライン検討委員会(委員長:村上周三東京大学名誉教授)」の活動成果が取りまとめられた、「私たちのまちにとってのSDGs」というガイドライン(以下「自治体ガイドライン」)が発行されています。

この自治体ガイドラインは、政府の文書でもたびたび参照され、自治体でかなり使われていると思います。また、企業向けのガイドラインに優るとも劣らず充実しているので、本書ではこれを活用して解説します。

このガイドラインは自治体をはじめとして、一般市民やNPO／NGO、企業関係者など、持続可能なまちづくりや地域活性化を目指す全ての関係者を対象としています。

さて、自治体でSDGsを活用するにはどのような手順を踏むべきでしょうか。

自治体ガイドラインでは5つのステップが示されています（コンセプト取りまとめの「6つの取り組むべき事項」との関係は表のとおりです）。

ここでは、とりあえず、5つのステップの流れを把握してください。この各ステップに即して、内容を説明します。

この5つのステップの細分化された項目一覧は次頁の通りです。

5つのステップ

自治体ガイドライン	コンセプト取りまとめ
ステップ1　SDGsの理解	⑴将来のビジョンづくり
ステップ2　取組体制	⑵体制づくり ⑷水平的連携と垂直的連携
ステップ3　目標と指標	⑹ローカル指標の設定
ステップ4　アクションプログラム	⑶先行している各種計画とのマッチング
ステップ5　フォローアップ	⑸情報発信による学習と成果の共有

５つのステップの項目一覧

ステップ１：SDGsの理解

1-1　SDGs：Sustainable Development Goalsとは何か

1-2　SDGsの三層構造

1-3　SDGsと自治体行政の役割の関係

ステップ２：取組体制

2-1　自治体行政における垂直的連携と水平的連携の重要性

2-2　ニッチ(*)からグローバルに至る垂直的連携

2-3　関係するステークホルダーの明確化と水平的連携

2-4　SDGs推進体制の構築

ステップ３：目標と指標

3-1　自治体レベルの取組の整理

　3-1-1　政府のSDGs実施指針と自治体行政の関係の整理

　3-1-2　自治体固有の課題の整理

3-2　政策目標と達成目標の設定

　3-2-1　政策目標と達成目標の設定時に留意すべき事項

　3-2-2　政策目標と達成目標の設定のありかた

3-3　達成目標の進捗状況を計測する指標の設定

　3-3-1　自治体版SDGs指標の整備

　3-3-2　既往の指標の参照

　3-3-3　達成目標の具体化

ステップ４：アクションプログラム

4-1　自治体版SDGsアクションプログラムの策定

4-2　自治体版SDGsアクションプログラムの実施

　4-2-1　関係ステークホルダーの人材育成

　4-2-2　実現可能性を支えるファイナンスの充実

　4-2-3　自治体間連携

ステップ５：フォローアップ

5-1　フォローアップの仕組みの確立

5-2　指標を用いた達成状況の計測と進捗状況のフォローアップ

＊ここでいう「ニッチ」とは、フロントランナーが活躍するニッチと呼ばれる個人レベルや小規模組織レベルで行われる様々なイノベーションの芽生えのことを指す。これを自治体行政の中で育て、成功事例を制度化して地域社会の枠組みの中に組み込んでいくことを期待している。

出典：「私たちのまちにとってのSDGs」

■ステップ1：SDGsの理解

SDGsで将来のビジョンづくり

まずはSDGsとは何かを理解しなければ前に進めません。SDGsは2030年を目標にした未来まちづくりのツールです。自治体は2030年のあるべき姿を描く「将来のビジョンづくり」から始めます（P15表：コンセプト「⑴将来のビジョンづくり」と関連）。

ここでアプローチ方法として「バックキャスティング・アプローチ」という表現が出てきます。これが結構日本人にはなじみにくい概念です。

SDGsでは2030年の「望ましい姿」を描き、現在との差分を整理します。その上で、今何を行うべきか、2030年までに何を行うべきかの計画を立てます。

これに対し、現状からスタートして将来に引き伸ばす方式は「フォアキャスティング」といいます。これまで自治体での中長期計画では、フォアキャスティングが多かったかもしれません。これでは現状の延長なので、あまりイノベーションは起こらないのです。

また、SDGsでは背伸びしてより高い目標を目指す「意欲的な目標」が推奨されています。欧米ではこの方式に慣れていますが、日本では、あまり慣れているとはいえないでしょう。

日本で目標といえば、いわゆる「必達目標」「ノルマ」をイメージし、達成できなかった場合の責任問題を想起してしまいます。このため、意欲的な目標という概念はなじみにくい組織カルチャーがあります。特に自治体では、意欲的なことを打ち上げてしまうと、「言い出しっぺ」がその達成に責任を問われるのではないかと気になります。

これを克服するためには、みんなでコンセンサス形成して、みんなで作り、みんなで責任を負っていく、そのような考え方が必要です。

日本では、ある提案が民主的な手続きを経て決められたにもかかわらず、「言い出しっぺ」に責任を負わせるといったことになっていないでしょうか。政策でも様々なパブリックコメントなどがありますが、真剣にパブリックコメントを出しているでしょうか。

そのような組織カルチャーからは、とても意欲的な提案やイノベーションは起こせません。ポストコロナでは大変革が必要です。日本社会もここで大きく変わるためには、みんなで議論し、みんなで決めたことは、みんなで責任を持つ。そのような本来的な姿に持っていくべきではないでしょうか。

また、将来像を描く作業には、特有の思考方法や情報収集力を整える必要があります。

現在、2030年の目標を立てていない自治体や企業は、ＳＤＧｓの導入を契機に2030年の目標を立てることが望ましい。今後、2030年目標を採用する自治体が増えてくると思います。ただし、2030年以外の目標年次がある場合は、無理に2030年目標に差し替える必要はありません。あくまでも自治体として、戦略的に必要な年次を立てればよいと思います。

ＳＤＧｓと自治体行政の役割の関係を理解する

次に、自治体ガイドラインでは「自治体が全ての目標、ターゲットに取り組むことは困難である」との表現が出てきます。これはどういうことかという疑問が湧くのではないでしょうか。

ＳＤＧｓの目標は世界中の全ての関係者の連携の下で実現していく、世界の「標準型」の未来像です。これは国連で国際交渉の結果でき上がった未来像であり、日本の各自治体にそのまま適用できるものではないし、日本の自治体には特有の課題があるのですが、それを網羅的に整理しているものでもありません。

むしろ、17目標と１６９のターゲットは参照すべきものと理解し、自身の自治体に「自分事化」して整理していく必要があります。

おそらくこの点が最も難しい部分です。自治体の行政では、これまで国の法令や通達に基づき、統一的な政策遂行を行うことが多かったと思います。地方創生法ではかなり自主性を許容しているものの、日本語の法律であり、政令や通達で総合計画などの作成手順が示されましたので、ある程度「護送船団行政」的にできたと思われます。

これに対し、ＳＤＧｓは、各自治体で独自に定めてよいと急に言われても、なかなかそのような思考にはなりにくいです。ＳＤＧｓの責任者はここで悩むことになります。自主的に目標を設定できるということは、その目標に対し説明責任が生ずるからです。むしろ、法令や通達に即してそのまま対応する方が楽な面があります。

このように、地方創生法の枠組みの中にＳＤＧｓという自由度の高いツール、それも外来のツールが入り込んでいるところが難しさの原因です。

SDGsはツール

次に、各自治体固有の課題に応じてＳＤＧｓの重点項目を選んでいきます。

自治体の場合は、関係部局の調整はもちろんのこと、首長のイニシアチブも必須であり、首長は選挙における公約との関係も整理しなければいけないのです。また、重要事項の決定では、議会対応も必要です。このため、自由にＳＤＧｓを組み立てろと言われてもなかなか難しい。この点は、自治体よりも自由度が高いはずの民間企業でも同じで、ＳＤＧｓの自分事化がなかなか進まない状況です。

このような自由度の高い仕組みを「ハード・ロー」ではなく「ソフト・ロー」といいます。この仕組みは欧米が得意とするところであり、日本では、なじみがないのが現状です。日本では、戦後の高度成長を支えた、かつての「護送船団行政」「通達行政」「横並び志向」といった残影が残っているのが原因なのでしょう。しかし、今や世界ではルールが変わったのです。自由に自社や自身の自治体に合うよう、ＳＤＧｓを使っていくという新たな仕組みに慣れる必要があります。

◆ステップ1のチェックリスト

ステップ１はいかがでしたか。皆さんの自治体でステップ１のどの辺まで進捗しているでしょうか。内閣府が作っているチェックリストで進捗状況を確認していきましょう。各項目で「十分に内容を理解している」「今後理解を深める予定である」「興味がない」の三択で自己診断してみましょう。

SDGs取組チェックリスト

※「令和元年度SDGsに関する全国アンケート調査 地方創生に向けたSDGsを活かしたまちづくり」より引用

ステップ1：SDGsの認識状況について		
1-1)	SDGsは、「持続可能な開発のための2030アジェンダ」の骨格をなすもので、2030年までに達成すべき開発目標であることを知っている。	□十分に内容を理解している □今後理解を深める予定である □興味がない
1-2)	持続可能な開発を目指す上で経済、社会、環境の統合が重要であることを知っている。	□十分に内容を理解している □今後理解を深める予定である □興味がない
1-3)	SDGsは先進国・途上国双方が取り組まなければならないものであることを知っている。	□十分に内容を理解している □今後理解を深める予定である □興味がない
1-4)	SDGsは17の目標、169のターゲット、約230の指標の3層構造で構成されることを知っている。	□十分に内容を理解している □今後理解を深める予定である □興味がない
1-5)	SDGsの17の目標の内容を概ね理解している。	□十分に内容を理解している □今後理解を深める予定である □興味がない
1-6)	SDGsの169のターゲットに一通り目を通して、概ねその内容を理解している。	□十分に内容を理解している □今後理解を深める予定である □興味がない
1-7)	SDGsの17の目標および169のターゲットの達成度を約230の指標によって測ることが求められていることを知っている。	□十分に内容を理解している □今後理解を深める予定である □興味がない

1-8)	SDGsの指標に関する最新情報を国連広報センターや国連統計局のホームページ等を参照して把握している。	□十分に内容を理解している □今後理解を深める予定である □興味がない
1-9)	SDGsの17の目標の達成に向けて、自治体が果たすべき役割を理解している。	□十分に内容を理解している □今後理解を深める予定である □興味がない
1-10)	SDGsの達成に向けて自治体による貢献に大きな期待が寄せられていることを理解している。	□十分に内容を理解している □今後理解を深める予定である □興味がない
1-11)	SDGsへの取組を推進するために政府が示したSDGs実施指針に目を通し、内容を理解している。	□十分に内容を理解している □今後理解を深める予定である □興味がない
1-12)	SDGsの目標やターゲットの中から自治体固有の事情にあわせた課題や目標、取組を選択する重要性を理解している。	□十分に内容を理解している □今後理解を深める予定である □興味がない
1-13)	SDGsの達成に向けた施策の推進によって、住民のQOL向上、独自性のあるまちづくり、グローバル・パートナーシップの促進につながるなど、自治体にとって多くの利益を創出し得ることを理解している。	□十分に内容を理解している □今後理解を深める予定である □興味がない
1-14)	SDGsの達成に向けて、複数の目標の解決に貢献するような相乗効果（シナジー効果）をもたらし得る取組を検討することが重要であることを理解している。	□十分に内容を理解している □今後理解を深める予定である □興味がない
1-15)	SDGsは複数領域にまたがる総合的な目標であり、その目標の達成に向けて1つの部署だけではなく、自治体内外の多様なステークホルダーと連携して取り組むべきであることを理解している。	□十分に内容を理解している □今後理解を深める予定である □興味がない
1-16)	SDGs達成に取り組むことで、地方創生や社会貢献につながることを理解している。	□十分に内容を理解している □今後理解を深める予定である
1-17)	上記の内容の理解が自身の所属する部署内で十分に進んでいる。	□十分に内容を理解している □今後理解を深める予定である □興味がない
1-18)	勉強会の開催等により、上記の内容の理解が複数の部署で十分に進んでいる。	□十分に内容を理解している □今後理解を深める予定である □興味がない

■ステップ2：取組体制の整備

SDGsは誰が推進する?

このSDGsという新しいツールの活用を誰が推進すべきでしょうか。SDGs推進のためには、行政内の執行体制の整備が必須であるとして、体制づくりから入っているところが自治体ガイドラインの特色です（P15表：コンセプト「⑵体制づくり」と関連）。

企業向けの「SDGコンパス」では、体制については、「PDCAサイクルを回す」という第4ステップに部分的に書かれています。しかし、企業でも体制整備から入るという視点は重要です。体制が整わず担当者任せにしたのでは組織内でSDGsは進まないからです。私としては、体制整備から入るというこの視点に賛成です。SDGコンパスにも体制整備のステップを明記していく必要があると思います。

SDGsには新しい発想と手法が必要ですのでSDGsに特化した体制整備をすることが必要です。また、執行体制の整備はPDCAによる進捗管理と関連させていくべきです。

SDGsは分野横断的でカバー範囲が広く総合的調整が必要ですので、首長のリーダーシップが重要です。したがって、推進体制は、首長のイニシアチブの下で、総合戦略や総合政策を担当する首長に近い部局に担当させることが多いと思います。

SDGsの責任担当部局は事務局機能を担うので、そのメンバーはSDGsについて深く理解した上で、首長のイニシアチブの下、SDGs活用の基本方針をすり合わせます。次に、自治体の中の関係部局長が集まる推進本部などを作り、順次議論を積み重ねます。これに加え、機動的な実務遂行のため幹事会のようなものを作る必要があります。

SDGsは17の目標と169のターゲットから成り立ちますが、相互に深く関連性があり、総合的にアプローチする必要があり、これを「リンケージ」といいます。もうひとつ重要なSDGsの特色は、経済・社会・環境の3要素を統合していることです。「統合」というのは三位一体または一石三鳥といったイメージです。環境や社会に良いことを推進しても、経済性がついていかなければ継続性が出ないからです。したがって、社会、環境のみならず、経済にも好影響が出ることを目指しているところにSDGsの特色があります。

これを自治体の組織に照らしてみれば、全ての部署が関係してきます。したがって、SDGsを自治体の中で展開するには全部署の総合調整が必要です。

自治体SDGsの取組体制事例

SDGs未来都市自治体は、いずれもしっかりとした体制を整えています。詳しくは第3巻で事例紹介をしますが、ここでは2例紹介します。

○白山市SDGs推進本部

石川県白山市では、全庁で横断的かつ効果的に推進するために市長を本部長とする「白山市SDGs推進本部」が設置されました（2018年3月19日）。同本部により、SDGsの理念に基づく持続可能なまちづくりの取り組みや市民、企業、高等教育機関等との連携、支援を行うこととしています。

この体制を見ると、市長の下に各部局責任者や各委員会の責任者が全て集まって、市長の考えが浸透しやすい体制です。その下に幹事会があります。この「本部」方式はなぜ必要なのでしょうか。国でもSDGs推進本部が設置されています。全閣僚がメンバーなので、閣議でいいのではないかと思うかもしれませんが、閣議は決定を行う場所です。この本部は様々な決定も行いますが、知恵を出したり、情報交換した

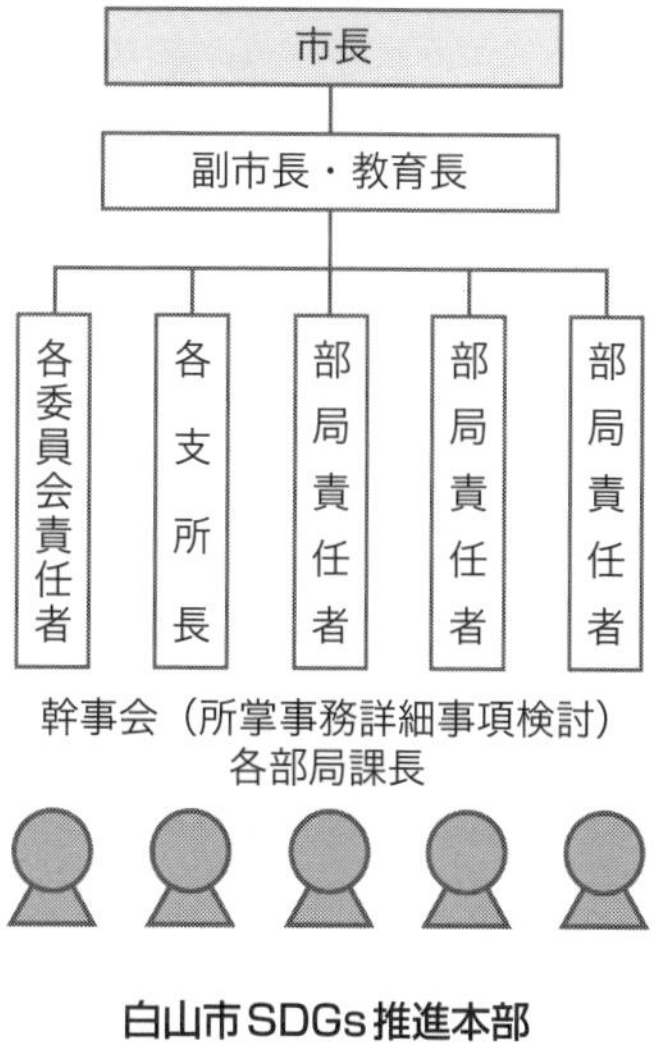

白山市SDGs推進本部

り、普及推進するなど、積み上げていくための合議体として使われます。

このような重点課題の本部のほか、災害対策本部のように緊急対応のためにも「本部」が使われます。各閣僚は本部のメンバーとして活動するわけです。

○北海道ＳＤＧｓ推進ネットワーク

多様な関係者との連携体制も重要です。北海道では、道内で個人や企業、団体、ＮＰＯ、行政機関など各層にＳＤＧｓが浸透するよう、多様な主体が連携・協働する「北海道ＳＤＧｓ推進ネットワーク」を設立しました（２０１８年８月31日）。

このようなネットワークは、様々なところでつくられています。これは、私の言葉で言えば、協働・連携のためのプラットフォーム（「活動の共通基盤」）作りです。

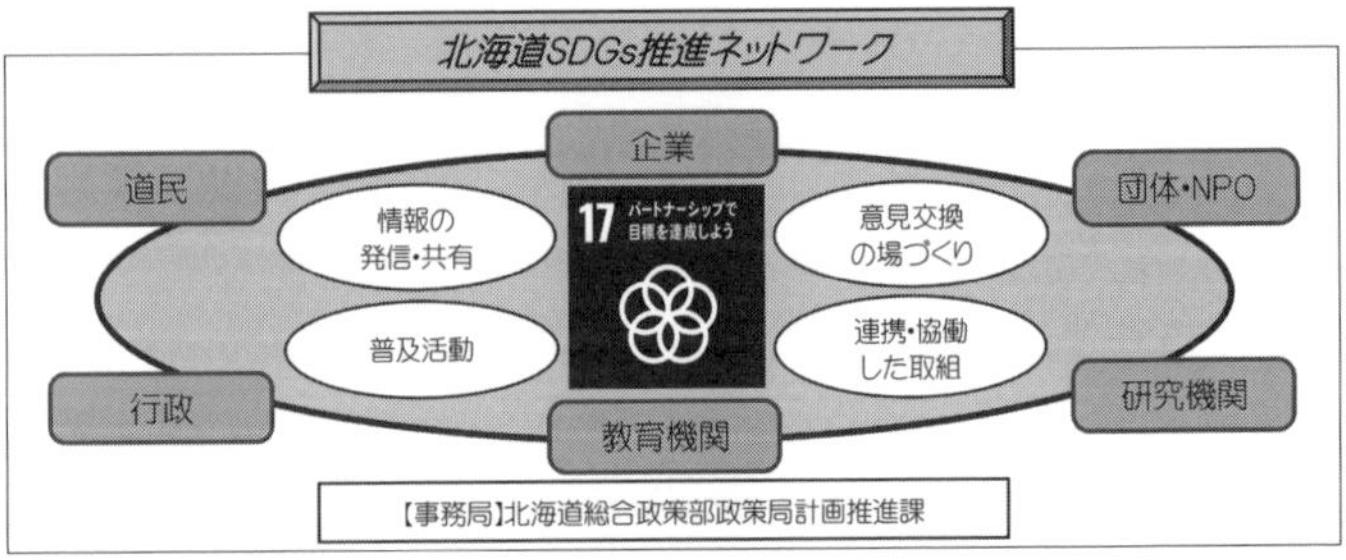

北海道SDGs推進ネットワーク

関係者の幅広い参加を仰ぐには

このプラットフォームを活性化させる方法が重要です。

このようなプラットフォームを使って、自治体の方が多様な関係者の参加を仰ぐ上で留意すべき事項は、次のとおりです。

・各関係者の特徴について深い理解に立ち、各関係者の強みを引き出すこと
・優先課題のすり合わせを行い、各関係者の役割分担を行うこと
・幅広い関係者との連携・協働の必要性の理解を深めること
・関係者へ関連情報を提供し、情報を入手しやすくする配慮をすること
・利害対立する場合の調整方法を決めること

特に企業は今は、社会課題に対して慈善活動的な対応ではなく、本業を通じて活動する時代です。企業の「共通価値創造力」を引き出すには、自治体の目標と企業の関心との間で「三方良し」（自分良し、相手良し、世間良し）の形をつくれば、参加を仰ぎやすくなります。つまり、自治体良し、企業良し、世間良しにもっていくことです。

ＳＤＧｓでは、目標17「パートナーシップ」が明記されていますので、より効果的に関係者の連

携構築が可能です。

◆ステップ2のチェックリスト

ステップ2のチェックをしてみてください。

ステップ2：SDGsに対する取組体制について		
2-1)	SDGsの達成に向けた取組を統括する部署は決まっている。また、そのコンセンサスが得られている。	□取組を実施している □取組を実施する予定がある □取組の実施は予定されていない
2-2)	庁内の各部署・部門は自身の業務がSDGsのどの目標に貢献し得るか自己点検をしている。	□取組を実施している □取組を実施する予定がある □取組の実施は予定されていない
2-3)	庁内の複数の部署間でSDGsに対する情報が共有され、自治体全体での取組として展開している。	□取組を実施している □取組を実施する予定がある □取組の実施は予定されていない
2-4)	SDGsの取組を統括する部署は政策の立案に際してSDGsをはじめとする国際的な動向に関心を持っている。	□取組を実施している □取組を実施する予定がある □取組の実施は予定されていない
2-5)	SDGsの取組を統括する部署はSDGs達成に向けた取組のなかでローカル（地域独自）に行われる成功事例や先進的・実験的な動向に関心を持っている。	□取組を実施している □取組を実施する予定がある □取組の実施は予定されていない
2-6)	SDGs推進に係わる関係者（ステークホルダー）の役割が明確になっている。	□取組を実施している □取組を実施する予定がある □取組の実施は予定されていない
2-7)	庁外の関係者（ステークホルダー）とSDGsに関する情報が共有され、協働する体制が整っている。	□取組を実施している □取組を実施する予定がある □取組の実施は予定されていない
2-8)	首長や各組織、各部署の責任者などによってSDGsに対する情報が共有され、各々の担当者の取組方針が決定している。	□取組を実施している □取組を実施する予定がある □取組の実施は予定されていない

■ステップ3：優先事項の選定（目標と指標の設定）

優先事項の選定はどうするか

次に、ＳＤＧｓに基づく優先課題の抽出や目標・指標の設定です。優先課題を決めるには、まず自身の自治体の政策体系にＳＤＧｓを当てはめます（Ｐ15表：コンセプト「(6)ローカル指標の設定」と関連）。

企業の場合には、横軸に企業にとっての重要度、縦軸に社会にとって重要度を示す2軸で項目をマッピングする「マテリアリティ」（経営の重要事項）の選定という方法があります。

この方法は自治体にも応用できます。しかし、自治体の政策体系は、極めて広範ですのでＳＤＧｓのマークが

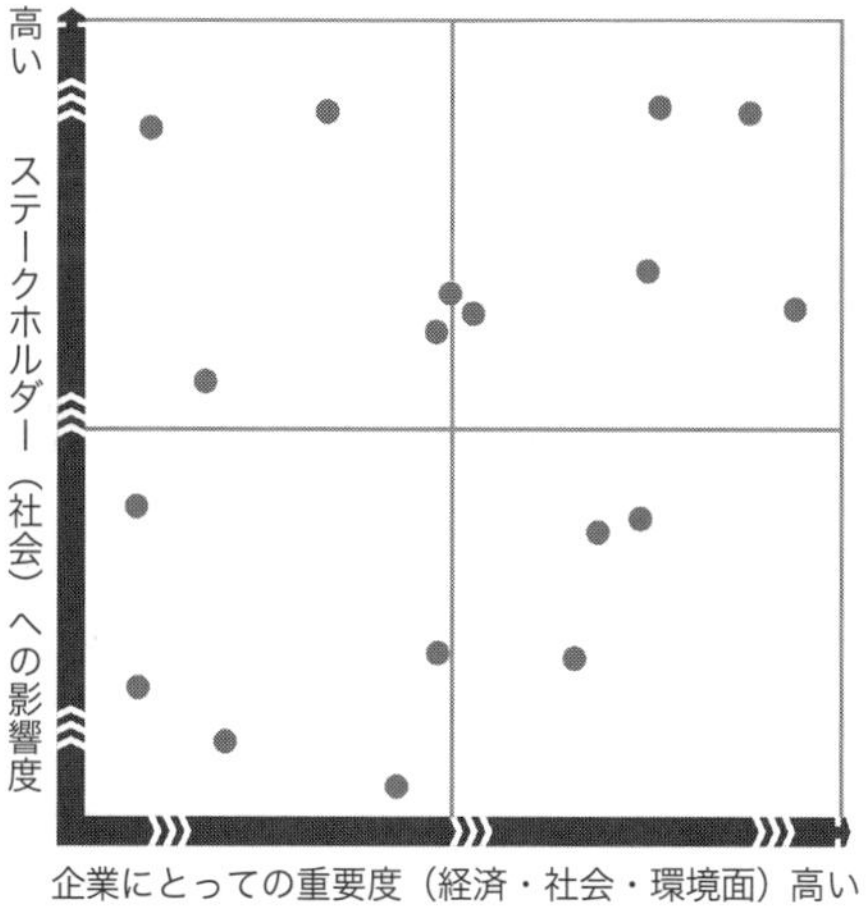

出典：G4の37ページの図版より。和訳は筆者。
GRI（Grobal Reporting Initiative）
https://www.globalreporting.org/resourcelibrary/GRIG4-Part2-Implementation-Manual.pdf

マテリアリティ（重要事項）特定のイメージ

次々に並ぶ状況になってしまいます。そこで、ＳＤＧｓと政策の関係を鳥瞰できる手法を加味する必要があります。私が企業向けに開発した「ＥＳＧ／ＳＤＧｓマトリックス」という手法です。これを自治体にも応用します。

これは、ＩＳＯ（国際標準化機構）がつくったＩＳＯ２６０００という「社会的責任の手引き」を使います。この手引きは、自治体も含めどの組織にも適用できるもので、組織と社会との関係性について定めています。具体的な取組課題として、組織統治、人権、労働慣行、環境、公正な事業慣行、消費者課題、コミュニティ課題の７つの中核主題を示しています。この７つをマトリックスの縦軸に置き、横軸にはＳＤＧｓの17目標を置きます。そして、７つの中核主題の各項目を実践すると、どのＳＤＧｓに貢献するかを「●」で示していくのです（企業の場合はこれにＥＳＧを加味しています。）。

ISO26000の7つの中核主題	政策内容（例）																	
		1	2	3	4	5	6	7	8	9	10	11	12	13	14	15	16	17
組織統治	自治体の組織規制																●	●
人権	人権の尊重関連政策	●									●						●	
労働慣行	労働関連政策								●									
環境	環境政策関連						●						●	●	●	●		
公正な事業慣行	取引関連規制								●				●				●	
消費者課題	消費者保護法制度												●				●	
コミュニティ	地域政策		●	●	●							●						●
		1	2	3	4	5	6	7	8	9	10	11	12	13	14	15	16	17

ESG／SDGsマトリックス

自治体の場合は、特にコミュニティ課題が重要ですが、それ以外の課題も漏らさずカバーする必要があります。このように、縦軸にこの世界標準の社会的責任の手引きの体系を当てはめればより効果的な整理ができると思います。

類似のマトリックスをつくった例として、SDGs未来都市の下川町があります（次頁表参照）。このマトリックスでは、縦軸には下川町の政策体系が並んでいますが、この政策体系を国際標準に合わせるためには、ISO26000「社会的責任の手引き」の項目立てを使う方が効果的です。自治体SDGsの全体像を整理する上で、このマトリックスをつくることをおすすめします。

指標はどのように設定するのか

SDGsは目標、ターゲット、指標の3層構造で構成されています。グローバル指標は、国連統計委員会によって作成され232の指標があります。

地方創生SDGsでは、指標を設けて進捗度を定量的に測り、PDCAを回していくことが重視されています。しかし、このグローバル指標は、必ずしも日本の国レベルや自治体レベルで使いやすいものにはなっていないので、日本の実情を反映した自治体レベルでの指標として政府は「地方創生SDGsローカル指標リスト」（「2019年8月版（第一版）」）を発表しました（自治

第5期下川町総合計画（計画期間：2011年度～2018年度）における施策とSDGsの関係

基本目標	SDGs目標 / 施策	1	2	3	4	5	6	7	8	9	10	11	12	13	14	15	16	17
健やかにいきいきと暮らせるまちづくり（福祉・医療）	地域保健福祉	■		■		■			■	■	■	■					■	■
	健康づくり・医療		■	■		■						■						
	高齢者支援			■					■		■							■
	子育て支援	■	■	■		■			■		■							■
	障害者支援			■					■		■							■
個性・可能性・魅力を伸ばす人づくり	学校教育	■		■	■				■	■	■	■				■		■
	生涯学習・スポーツ			■	■							■						
	芸術文化			■	■							■						
安全に安心して快適に暮らせる生活環境づくり	土地利用・市街地											■				■		
	景観・公園											■				■		
	住宅							■				■	■	■				
	道路・橋梁											■						
	積雪・寒冷対策									■		■						
	上水道			■			■					■						
	下水道			■			■					■						
	公共交通			■							■	■						
	環境保全						■	■				■	■	■		■		■
	交通安全・防犯・消費生活											■					■	
	消防・救急救助			■													■	
	防災											■					■	
	情報化									■								
地域資源を活用した産業づくり	農業		■						■									
	林業・林産業							■	■	■		■		■		■		
	野生鳥獣被害防止		■						■									
	商工業								■	■		■						■
	観光創造								■	■		■				■	■	
	地域資源活用・新産業創造			■				■	■	■	■	■	■	■		■		■
	雇用・労働	■		■					■			■						■
町民が主役のまちづくり	地域自治・地域内連携											■						■
効果的で効率的な行財政運営	効率的・効果的な行政運営																■	■
	健全な財政運営																■	■
	広域行政の推進																	■

出典：しもかわ 持続可能な開発目標（SDGs）レポート2018―人と自然を未来につなぐ「しもかわチャレンジ」―

体ＳＤＧｓ推進評価・調査検討会・自治体ＳＤＧｓ推進のためのローカル指標検討ＷＧが作成）。また、検討中の指標も多いですが、日本の自治体向けにカスタマイズされていて使いやすいものです。これを受けて、ＳＤＧｓの３層構造の、「目標」「ターゲット」「指標」全てにおいて取り組んでいるのが自治体ＳＤＧｓです。

ローカル指標を独自に作ることが、自治体ＳＤＧｓの大きな特色です。

なお、企業の場合には一企業で対応できる指標の設定は、かなり難しく指標開発も進みにくいのに対し、自治体の場合には地域での統計データを活用してローカル指標を設定しやすいのです。ＳＤＧｓ未来都市に選定された自治体の計画を見ると次のように様々に工夫されたローカル指標があります。

○貧困撲滅に力を入れる山口県宇部市

将来の夢や目標を持っている子どもの割合（中学3年生）【ターゲット1・2、1・4関連】

２０１８年3月　49・6％→２０３０年　61・8％（全国学力学習状況調査のアンケートの１つ）。

○健康政策に力を入れる岡山市

生活習慣の改善に取り組んでいる人の数【ターゲット3・4、3・8関連】

２０１８年1月　４９９６人→２０２０年　1万５０００人

○「世界に輝く静岡」を目指す静岡市

一人一日当たりのごみ総排出量【ターゲット12・3関連】

2014年3月　1008g／人日→2030年　810g／人日

○葉っぱビジネスに実績のある徳島県上勝町

葉わさび出荷数量【ターゲット2・3、2・4、15・2関連】

2017年度　8787kg→2030年　1万2000kg

企業の場合は、「指標」の設定は、先進企業を別とすれば今のところ多くはありません。例えば、住友化学は、アフリカでのマラリアの撲滅に向けて目標3のターゲット「3・3」に関連付けたグローバル指標として、「マラリアでの死亡率の減少」を活用しています。この世界企業のような目標設定をすることは一般の企業には難しい面があります。

伊藤園での経験からお話すると、伊藤園は九州を中心に耕作放棄地も活用し茶産地の育成を行う新産地事業を行っています。その目標数値は茶産地育成事業の面積です。しかしその面積はグローバル指標とどう関連するかを説明することは簡単ではありません。この事業は目標2「持続可能な農業」のターゲットである「2・4持続可能な食料生産システム」に該当し、グローバル指標は、「2・4・1」の「生産的で持続可能な農業のもとに行われる農業地域の割合」となります。これは一企業で数値を示していくのは困難です。また、一企業での数値目標を示すと、面積がグローバルと関連付けると小さく感じさせてしまいます。この場合は、自社目標として、独自指標をつくって進捗度の経時変化を関係者に示していくと効果的です。

これに対し、市町村のローカル指標であれば、「農業就業人口当たりの耕地面積」といった指標になります。

◆ステップ3のチェックリスト

ステップ3のチェックリストを示します。この中に3-6)で目標・指標設定があまり総花的にならないように選択と集中をすることが入っています。

また、3-10)には、指標の中に自治体のアイデンティティを反映した指標があるかどうかのチェックリストがあります。ここが重要なポイントです。

ステップ3：SDGsの取組に関する目標・指標設定について		
3-1)	SDGsの取組を統括する部署は、自治体固有の課題を整理している。	□取組を実施している □取組を実施する予定がある □取組の実施は予定されていない
3-2)	自治体固有の課題を整理した上で取組時の優先順位を検討している。	□取組を実施している □取組を実施する予定がある □取組の実施は予定されていない
3-3)	SDGsの取組を統括する部署は、自治体の固有の状況を踏まえつつ、自治体の課題に関連する目標、ターゲットを選択し、政策目標として取り纏めている。	□取組を実施している □取組を実施する予定がある □取組の実施は予定されていない
3-4)	長期の政策目標を取り纏める際、2030年（またはそれ以降）を見据えて、自治体として到達すべき（達成すべき）ビジョンを持っている。	□取組を実施している □取組を実施する予定がある □取組の実施は予定されていない
3-5)	長期の政策目標を受けて、具体的な達成目標を定めている。	□取組を実施している □取組を実施する予定がある □取組の実施は予定されていない
3-6)	定めた政策目標や達成目標が総花的で主張の不明瞭なものになっておらず、自治体の規模に合わせた選択と集中が図られている。	□取組を実施している □取組を実施する予定がある □取組の実施は予定されていない
3-7)	政策目標・達成目標の進捗状況を測るための指標を設定している。	□取組を実施している □取組を実施する予定がある □取組の実施は予定されていない
3-8)	設定した指標のデータ収集の目途がたっている（データの収集可能性について検討している）。	□取組を実施している □取組を実施する予定がある □取組の実施は予定されていない
3-9)	設定した指標の中に、多くの自治体がデータを収集していて相互比較ができるものがある。	□取組を実施している □取組を実施する予定がある □取組の実施は予定されていない
3-10)	設定した指標の中に、自治体のアイデンティティを表現することが可能な独自の指標が含まれている。	□取組を実施している □取組を実施する予定がある □取組の実施は予定されていない
3-11)	達成目標の具体化が行われている（将来達成したい水準：将来目標値が定められている）。	□取組を実施している □取組を実施する予定がある □取組の実施は予定されていない
3-12)	特に重要な指標（KPI）を定めるか否かについて検討している。	□取組を実施している □取組を実施する予定がある □取組の実施は予定されていない

■ステップ4：アクションプログラムの策定

自治体版SDGsアクションプログラム

自治体ガイドラインでは、次のステップは「自治体版SDGsアクションプログラム」の策定です。自治体ごとに政策目標、SDGs達成目標及び指標を組み込んだものです。アクションプログラムの策定方法として3つの方法が例示されています（P15表：コンセプト「(3)先行している各種計画とのマッチング」「(4)水平的連携と垂直的連携」と関連）。

① 総合的アプローチ（総合計画に盛り込む方法。自治体の上位計画である総合計画とSDGsの取り組みをリンクさせたもの）

② 個別アプローチ（個別の戦略や計画に盛り込む方法。地方版総合戦略、都市計画マスタープラン、環境基本計画など）

③ 独自アプローチ（既存の計画等にとらわれずSDGsの概念を組み込んだ個別の戦略や計画。SDGs取組計画など）

いずれのアプローチでも、アクションプログラムの策定に当たっての留意すべき点は次のとおりです。

① 提案の合理性・モデル性・先導性、地域への適応性、取組の実現可能性、計画の具体性・継続性・持続性など計画内容に関するもの
② どのような組織体制で推進するか、多様な関係者との連携の仕組みをどうするか
③ 事業の具体的な仕組みと資金調達の仕組み
④ 以上の内容についてのPDCAサイクルのまわし方や結果としての情報発信

これらの要素はSDGsの持つ5つの原則、普遍性・包摂性・参画性・統合性・透明性から導き出されるものです。

いずれのアプローチでも、まずは既存の政策体系について、SDGsとの関連性を紐付ける（マッピングする）ところから始まります。目標レベル、次にターゲットレベルでのマッピングです。マッピングに当たっては、SDGsの担当部局は相当に深くSDGsを理解しないと作業ができないと思います。そして各部署の政策がSDGsのどの目標・ターゲットに関連するか議論を進めていかなければなりません。

SDGsの導入に際しては、既存計画との整合性に留意しつつ、SDGsの特徴を生かした政策ビジョンを策定します。SDGsを導入するに当たって、これまでの作業と重複したり無駄な

作業が生じないように工夫する必要もあります。

この辺が責任者にとって、最も難しい作業だと思います。ＳＤＧｓ未来都市政策では、政府の省庁横断的な支援（計画策定・事業実施等）があります（自治体ＳＤＧｓ推進関係省庁タスクフォース）。なお、この分野での専門家は多くありませんが、単なる作文や図版を書くような「コンサル」ではない形で、作業に寄り添ってくれる専門家の支援を仰ぐこともひとつの手法です。

「水平的連携」と「垂直的連携」

次に重視されているのが「水平的連携」と「垂直的連携」の２つです。

第一の水平的連携とは、行政の各部局間連携や各自治体間の連携、自治体内の多様なステークホルダー間の連携を指しています。これからはＳＤＧｓ未来都市に指定された自治体同士での自治体間連携が増えてくると思います。お互いにベストプラクティスを学びあう仲間です。

また、広域的な行政が必要な部分については、都道府県レベルの調整も必要です。興味深いのは、ＳＤＧｓ未来都市は、都道府県レベルでの指定もあることです。現在までに、北海道、神奈川県、長野県、広島県（２０１８年度）、富山県、愛知県、滋賀県（２０１９年度）、岐阜県、三重県、大阪府（２０２０年度）がＳＤＧｓ未来都市に指定された都道府県レベルの自治体です。都道府県がＳＤＧｓ未来都市に指定されている場合は県内でのＳＤＧｓ仲間の自治体間での調整がより進むと思います。

第二の垂直的連携とは、グローバル、国、自治体、コミュニティのように、スケールの異なる団体間での連携を指しています。

特に垂直的連携として、グローバルな連携を可能にする共通言語であることがＳＤＧｓの重要な特性です。自治体が国際的な協定や国際的な姉妹都市関係を結んでいる場合には、関係者との連携に当たり、ＳＤＧｓの共通言語という特性が大変役に立ちます。

また、コンセプト取りまとめで明記されている次の2点が重要です。ひとつは「ＳＤＧｓがまさにプラットフォームである」ことです。関係者が共通言語で連携しやすい活動の共通基盤だということです。もうひとつがＳＤＧｓを使えば企業などとの間で「ツールが共通であるから、連携の実効を挙げやすい」ことです。ＳＤＧｓ経営企業が増えており、すぐに連携できる環境が整っています。このようにＳＤＧｓをツールとして使いこなすという視点が重要なのです。

総合計画等にどう位置付けるか

自治体では、「総合計画」、「地方版総合戦略」、「環境基本計画」等の各種計画が既に策定され、具体的な取り組みが進められています。この中で総合計画は全体のビジョンを設定しているものですので最もＳＤＧｓとの親和性が高い計画です。

今回の第2期まち・ひと・しごと創生推進方針では、ＳＤＧｓの要素は「横ぐし」のひとつとして位置付けられました。そこで既存の総合計画の中にどのようにＳＤＧｓを盛り込んでいくかが自治体担当者の知恵の出しどころです。

長野県では、ＳＤＧｓを取り入れた中長期計画を策定しています。２０３０年の将来像を展望した総合5か年計画「しあわせ信州創造プラン2・0〜学びと自治の力で拓く新時代〜」に、ＳＤＧｓの理念を組み込みました。学びと自治の力を推進エンジンに、地方創生とＳＤＧｓの取り組みを展開しつつ、誰一人取り残さないというＳＤＧｓの理念に沿って「確かな暮らしが営まれる美しい信州」の実現を目指しています。

関連条例の制定、ＳＤＧｓに関する条例

自治体ＳＤＧｓの取り組みが進められていますが、「ＳＤＧｓ」または「持続可能な開発目標」を規定する条例を制定している自治体があります(＊)。

条例は、憲法第94条、地方自治法第14条、第16条などに基づき地方公共団体が法令の範囲内で議会の議決により制定します。地方公共団体が義務を課し、または権利を制限するには、法令に特別の定めがある場合を除くほか、条例によらなければならないとされていますので、条例で定めていることはそれだけ重いことになります。

ＳＤＧｓを盛り込んで条例を制定したのは、北海道下川町と群馬県桐生市です。

北海道下川町は、「下川町における持続可能な開発目標推進条例」（２０１８年6月22日公布、同年7月1日施行）を制定しました。

条例は、全7条から構成されています。第1条の目的は「下川町における持続可能な開発目標（以下『ＳＤＧｓ』という。）の達成に向け、推進体制を整備し、『２０３０年における下川町のありたい姿』……の具現化を図り、誰ひとり取り残されず、しなやかに強く、幸せに暮らせる持続可能な地域社会を実現すること」です。

この第1条に規定されている「２０３０年における下川町のありたい姿」とは、ＳＤＧｓの考え方を取り入れて町の将来像を描いたものです（２０１８年4月23日策定）。これを基にして町の総合計画及びＳＤＧｓ未来都市計画を策定し、下川版ＳＤＧｓの実現に向けた取り組みを進めています。

ＳＤＧｓを推進するための次の関係機関の設置を定めています。
・ＳＤＧｓパートナーシップセンター（ＳＤＧｓに係る事業の実施及び普及展開等のための拠点）（3条）
・ＳＤＧｓ推進町民会議（ＳＤＧｓに係る計画の策定及び実施を町民との協働により推進する組織――町民から構成）（4条）

・ＳＤＧｓ評議委員会（ＳＤＧｓに係る計画の実施内容、進捗等について評価し、助言等をする組織―町内外の者から構成）（５条）
・ＳＤＧｓ推進本部（町長をはじめとする全ての町の執行機関から構成）（６条）
下川町は、２０１７年12月26日に第１回ジャパンＳＤＧｓアワード内閣総理大臣賞を受賞、２０１８年６月15日には、ＳＤＧｓ未来都市及び自治体ＳＤＧｓモデル事業の選定を受けています。

群馬県桐生市の条例は、「持続可能な開発目標（ＳＤＧｓ）を桐生市のまちづくりに生かす条例」（２０１９年３月19日公布、同年３月19日施行）です。

徳島県上勝町は、「上勝町木づかいの景観まちづくり条例」（２０１９年９月20日公布、同年10月１日施行）を制定しました。これは、いわゆる「景観条例」ですが、方針のひとつとしてＳＤＧｓの考え方を明示しています。

＊一般財団法人地方自治研究機構の次のサイトを参考にした（http://www.rilg.or.jp/htdocs/img/reiki/029_SDGs.htm）。
このほか、条例名に「持続可能」が入っている条例の例として、以下のようなものがある。木更津市人と自然が調和した持続可能なまちづくりの推進に関する条例、富山県中山間地域における持続可能な地域社会の形成に関する条例、飯田市再生可能エネルギーの導入による持続可能な地域づくりに関する条例、草津市健全で持続可能な財政運営および財政規律に関する条例、岡山型持続可能な社会経済モデル構築総合特区推進条例、持続可能な開発のための教育の推進に関する条例（岡山市）、高松市持続可能な水環境の形成に関する条例（牧瀬稔「地

方自治体におけるＳＤＧｓの現状と展望」（社会情報研究1号　２０２０年3月）による）

◆**ステップ4のチェックリスト**

ステップ４のチェックリストは以下の通りです。

ステップ4：SDGs達成に向けたアクションプログラムについて		
4-1)	自治体のアクションプログラム（総合計画、地方版総合戦略、都市計画マスタープラン、環境基本計画等の各種計画）にSDGsへの取組方針を盛り込み得るか検討している。	□取組を実施している □取組を実施する予定がある □取組の実施は予定されていない
4-2)	SDGsへの取組方針をアクションプログラム（行動計画）として具体的に策定している。	□取組を実施している □取組を実施する予定がある □取組の実施は予定されていない
4-3)	策定したアクションプログラムは自治体の優先順位等を十分に反映したものになっている。	□取組を実施している □取組を実施する予定がある □取組の実施は予定されていない
4-4)	アクションプログラムに関係する自治体職員やステークホルダーのSDGs推進のための人材育成を実施している。	□取組を実施している □取組を実施する予定がある □取組の実施は予定されていない
4-5)	アクションプログラムの実施に向けて資金調達（自治体の財源確保や民間資金の活用）の目途がたっている。	□取組を実施している □取組を実施する予定がある □取組の実施は予定されていない
4-6)	自治体単独では解決できない課題の解決に向けて他の自治体との連携を検討している。	□取組を実施している □取組を実施する予定がある □取組の実施は予定されていない

■ステップ5：フォローアップ

進捗状況はどう確認するか

以上のステップを経てSDGsアクションプログラムができた場合には、目標の設定（Plan）、政策の実行（Do）、計画の見直し（Check）、政策の改善（Act）という「PDCA」サイクルで進捗管理をしていきます（P15表：コンセプト「(5)情報発信による学習と成果の共有」と関連）。

PDCAについては、すでに地方創生法に明確に入っていますので、現在は、地方創生では、PDCAサイクルは定着しつつあると思います。地方創生SDGsでは指標による目標設定をするので、指標の達成度がPDCAサイクルに適用されます。ですから指標の設定は極めて重要な要素といえるでしょう。

SDGsには普遍性の原則があります。これはベストプラクティスを水平展開させるものです。ベストプラクティスを広げることにより、SDGsを普及推進していくのです。他の自治体でも応用が効くかどうか、自分の自治体で適用可能かどうかという視点で分析していく必要があります。これまで様々な地方創生に関する事例集が出されていますが、共通の物差しで比較されたものではありませんでした。今回、ＳＤＧｓ化することにより、ＳＤＧｓという共通の物差しで比較可能になります。この点がＳＤＧｓ活用の大きなメリットです。

またＳＤＧｓには、いわば、磁石のような効果があります。ＳＤＧｓ化すると磁力が生じてＳＤＧｓに関心の高い関係者がより強くくっついてきます。一方、ＳＤＧｓ化していないと磁石が機能しないので関係者の引きが強くありません。「知らないうちに置いてかれる」というＳＤＧｓの怖さもこの辺から生ずるのです。

各自治体が互いに学習し成功事例を共有することが重要です。全ての関係者が実践的に学ぶ時代に入ったのです。ただし学び方は「質の高い」教育（目標４）でなければいけません。課題が難しいからです。

発信をどうするか

ＳＤＧｓの持つピクトグラム（絵文字）やバッジなどの視認性の高さと共通言語としての特色を生かせば、より効果的な発信が可能です。また、みずから発信の場をつくって積極的に内外に発信することも必要です。

例えば、神奈川県横浜市は、「公民連携の新たなビジネスモデル創出」をテーマに、地域の新聞社やテレビ局によるコンソーシアム「横浜メディアビジネス総合研究所」と市が連携し、『横浜共創オープンイノベーションフォーラム』を、２０１８年と２０１９年に実施しました。このように発信すると、ＳＤＧｓ企業も集合し、地方創生ＳＤＧｓビジネスが生まれます。

◆ステップ5のチェックリスト

ステップ５のチェックリストは以下の通りです。

ステップ5：アクションプログラム実施後のフォローアップについて		
5-1)	目標の達成状況を確認するフォローアップの会議を開催し、進捗状況を報告している。	□取組を実施している □取組を実施する予定がある □取組の実施は予定されていない
5-2)	部署の職員が異動した場合に備えてフォローアップの体制が整っている。	□取組を実施している □取組を実施する予定がある □取組の実施は予定されていない
5-3)	フォローアップで共有した課題は、次の施策検討にフィードバックされている。	□取組を実施している □取組を実施する予定がある □取組の実施は予定されていない
5-4)	目標の達成状況を確認するフォローアップに際して、事前に設定した指標の値を活用し、実施した取組の成果を評価している。	□取組を実施している □取組を実施する予定がある □取組の実施は予定されていない
5-5)	目標、指標の見直しの必要性等について検討を行っている。	□取組を実施している □取組を実施する予定がある □取組の実施は予定されていない
5-6)	成功した取組や予定通り進まなかった取組を市民へ周知、共有する体制は整っている。	□取組を実施している □取組を実施する予定がある □取組の実施は予定されていない

Sustainable
Development
Goals

第2章

関係者の役割と連携のポイント

自治体でのSDGs推進について、首長、職員、議会、民間企業など、関係者のそれぞれの役割はどのようなものでしょうか。連携の在り方と合わせて解説します。

首長のリーダーシップをどう発揮するか

ＳＤＧｓには、トップ・イニシアチブが重要というのはどういう意味でしょうか。ＳＤＧｓは総合戦略と密接に関連します。ＳＤＧｓは、全体戦略、人事戦略、市民への浸透、地域社会の現場対応など幅広いマターをカバーします。この網羅性から地方創生ＳＤＧｓを推進する上で、首長のイニシアチブ（指導力）とコミットメント（責任をもって関わること）が重要なのです。

また、ＳＤＧｓの市民向けの発信でも首長の役割が重要です。もちろん議会対応もあります。いずれもトップが語らなければ説得力がないからです。企業の場合は、ＳＤＧｓは投資家の注目するＩＲ（Investor Relations：企業投資家向けの広報活動）事項でもあり、経営トップの発信は重要です。

今後あらゆるところでＳＤＧｓに関する対話が生まれます。そのような場面に遭遇する機会もトップほど多いので、率先して対応する必要があります。そして、トップが推進すれば、セクショナリズム打破につながり庁内浸透も早いのです。

ＳＤＧｓにはトップのコミットメントが重要ですが、具体的にトップがなすべきことは何でしょうか。まず、トップはＳＤＧｓが政策そのものであり、「ＳＤＧｓ政策」を推進するという意識を持つ必要があります。ＳＤＧｓを正しく理解し、自身の自治体との関連事項を洗い出し、

SDGsを使った戦略を描くのです。

このため、幹部メンバーからなる委員会など、SDGsの推進体制を整えます。トップの指令に基づく組織があると自治体内をまとめやすい。逆にいえば、トップの指示なく個別の部署がSDGsを推進することは難しいです。トップが直接指示を下すほうが、作業が加速します。自治体内の連携によりSDGsの体系化や重点項目の選定を行い、自身の自治体のSDGsを使ったストーリーをつくっていきます。ストーリーができれば、トップはSDGsを使った「ストーリー・テラー」になることが期待されます。特にメディア対応では、トップが出るほど露出度が高まります。SDGsはピクトグラム（絵文字）やバッジなどによる発信性が強く、トップが発信することで、より効果的に各方面に情報を拡散することができます。

このように、SDGsの政策としての重要性、網羅性、発信性の点からトップの役割が重要です。もちろん発信自体は、トップが全てを行う必要はありませんが、統一的に発信できる体制とツールが求められます。体制としては広報のみではなく戦略本部のように、首長に近く内外に総合的に発信できる体制が望ましい。対外発信のためのホームページ、発信ツールなどを作成し、トップの意向を受けて統一的に対外発信します。

SDGsの自治体内浸透はどのような順番でしょうか。つまり、トップダウンかボトムアップかという点もよく聞かれるポイントです。いずれを取るかは、自治体の風土やトップ層の構成等を総合的に考慮する必要があり、一概にいずれがよいとはいえません。しかし、ＳＤＧｓは政策マターなので、トップダウン方式で推進するほうが早く効果的に実践できると思います。まずはトップからというのが私のおすすめです。トップの理解がなく個別の部署がＳＤＧｓを始めても、ＳＤＧｓは部内に定着しにくい。また、ボトムアップでは、どうしても各論に陥りがちです。ＳＤＧｓの持っている各目標の相互補完関係が見えにくいので、ＳＤＧｓを効果的に推進しにくいのです。

各職員の役割と職員への浸透は？

これもよく聞かれることですが、ＳＤＧｓ所管部署、各部署の管理職、研修担当などはどう対応すべきでしょうか。専任の組織をつくることはある程度コストがかかりますが、ＳＤＧｓをしっかり実践するのであれば専任の組織があったほうがよいと思います。

その組織の持ち方のポイントは次の3点です。

① ＳＤＧｓは重要政策マターであることから、トップにできるだけ近いほうがよい。

② ＳＤＧｓの実践に当たっては、庁内全体で協力体制を敷く必要があるので、そのための事務局機能が重要。常設のほうがよいが、常設の負担が重ければ、プロジェクトチームや委員会組織のようなものも考えられる。

③ 首長室、経営企画・戦略部など全部署の協力を得やすい組織が望ましい。戦略的にSDGsを実践し得る組織をつくる。

SDGsの実践が進展すれば、発信する段階に入っていきます。その段階では、SDGsを活用した内外のコミュニケーションを一元的に担うセクションをつくると効果的なSDGsの発信ができます。

次にSDGsを庁内にどのように浸透させるべきでしょうか。SDGsの認知度は着実に上がっているものの、まだまだ認知度が低いという調査結果が出ていることは第1章で見たとおりです。この調査で、SDGsの認知度が上がり、首長には浸透しつつあるが、中間層や従業員への浸透度はまだ低いという結果になっています。この中で、どのように庁内にSDGsを広めていくかが重要な課題です。

この首長と中間層の間の断層の理由は、首長のほうが地方創生推進事務局のSDGs会合などに出席する機会も多いからです。一方、日常の業務に追われている中間層は、落ち着いてSDGsを勉強する機会が十分ではない。この結果、首長としてはSDGsを自治体内に早く浸透させたいので、責任セクションに早く対応しろと指令を出す。責任者が各部署長を回ってみると、各部署長たちは何のための作業なのかなどに理解を示さない。そこで責任者は首長と部署長の間で板ばさみになる、といった事態が現在多くの自治体で起こりつつあります。

これを回避するため、ＳＤＧｓの担当を命じられた責任者は、次のような作業を行うと効率的です。まずは、ＳＤＧｓ体系の構築が最優先事項です。ＳＤＧｓが政策マターであることを理解し、行政全体にどのように関係するか、体系整理を行います。トップとＳＤＧｓのねらいについて認識をすり合わせした上で、全庁的な体系についてたたき台をつくります。それを部署長に説明します。各部署長に何が関係するか、ＳＤＧｓを実践すればどのような効果があるか、自治体ではどこが進んでいるか、自身の自治体でこれをしないとどう出遅れるのかなど、実益と絡めて説明できるかどうかがポイントです。

自身の自治体の活動とＳＤＧｓとの関係性を自分では整理しにくい場合には、専門家の支援を仰ぐとスピード感が出ます。部内浸透には、自治体広報誌や研修ツールの活用が考えられます。目標4の「教育」のとおり、腹に落ちるような形でのインタラクティブなやり取りや質疑応答をしっかりできる研修プログラムが望まれます。ｅラーニングも的確な教材を選べば効果があります。

また、活動報告をつくること、そしてつくる過程が重要です。その過程で自治体内の各活動がＳＤＧｓとどのような関連性があるかを庁内全員が理解できます。ＳＤＧｓの各目標の責任部署長を決めて、それを活動報告書などで内外に発信すると、庁内浸透効果が高くなります。なぜなら、その部署長はＳＤＧｓをよく勉強せざるを得ず、その部署のメンバーも全て学ぶという、「シャワー効果」があるからです。この方法は、スピード感を持って庁内に浸透させ得る方法です。

なお、ミレニアル世代などの若者は、ＳＤＧｓに共感する割合が高い傾向があります。

首長のリーダーシップと市民主役のまちづくり――福井県鯖江市

「鯖江市役所ＪＫ課」という言葉を聞いたことがありますか。ＪＫとは女子高生のこと。「市民主役条例」（２０１０年３月26日）を制定している福井県鯖江市が、２０１４年度に立ち上げた課で、正式な部署ではなく、課名を模した市民主体のプロジェクトです。この企画が市民主役の市政として、当時は余りにもユニークなので、ちょうど発足当初の頃に牧野百男市長（当時）にお会いして取材しました。その後も鯖江市にはよく訪れて関係者との交流も続いています。

「鯖江市役所ＪＫ課」は、「無関心層の掘り起こし」や「今までの価値観や常識を変える」ために、女子高生の力を借りたいというところから始まったと語る、市長の熱い思いが伝わりました。これは、「鯖江市民主役条例」を制定し、全国に先駆け「市民主役」「市民協働」のまちづくりを進めてきた鯖江市ならではのステップです。このように女性活躍に力を注いできた鯖江市が２０１９年のＳＤＧｓ未来都市に選定されたことは大変喜ばしく、さっそく牧野市長にＦａｃｅｂｏｏｋでお祝いの言葉を送りました。

鯖江市は福井県のほぼ中央に位置する、人口6万9362人（2020年7月現在）の自治体です。鉄道や国道が南北に縦断するなど交通利便性の高さなどから、県内近隣市町からの若者の転入が多いのが特徴です。眼鏡・繊維・漆器を三大地場産業とするものづくりのまちで、昔から家族経営が多いことから、女性が働きやすく社会参画しやすい風土が育まれ、特に20代から40代前半にかけての女性の就業率が高い状況にあります（女性就業率、共働き率等で福井県は全国1位）。また、学生連携・市民協働のまちづくり等が活発です。長年にわたる眼鏡フレームの開発・製造を通じて、チタンに代表される難加工材の精密加工技術が集積する地域であり、近年は医療器具やウェアラブル情報端末の開発も進んでいます。

左から、牧野百男市長（当時）、筆者、竹部美樹さん
竹部さんはNPO法人エル・コミュニティの代表として、「市長をやりませんか？」という市の活性化プランコンテストを推進する女性リーダーです。

鯖江市は国の自治体SDGsモデル事業にも採択されています。事業のタイトルはまさに「女性活躍プラットフォーム創出事業」です。女性活躍の世界発信のため、鯖江市の女性活躍等の紹介番組を制作し、国連平和の文化ハイレベルフォーラムで上映しました。国際的な女性会議への参加も目指しています。これまでの女性活躍、市民主役のまちづくりの集大成ともいえる内容をSDGs目標5番を軸に展開しており、今後の発展が楽しみです。

ものづくりのまち鯖江としての経済政策も、サテライトオフィス誘致事業、成長分野技術確立・海外販路開拓事業、越前ものづくりの里プロジェクト事業、「めがねのまち鯖江」元気再生事業、特産物ブランド化事業など、充実しています。

このような鯖江市の取り組みに対する有識者の評価は次のとおりです。

・社会面で女性が輝くまちを掲げた計画が特徴的であり、女性をターゲットとしたモデル事業は魅力的かつ説得力がある。

・女性のエンパワーメントを中核としたプログラムの実績は高く評価される。この実績を活かして、女性の処遇改善に向けた新しい展開を期待する。

・女性を鍵とする統合的な取り組みでは、環境面等におけるより幅広い検討を期待する。

日本を代表するSDGs自治体としてその地歩を固め、全国の移住希望者や企業からの問い合わせが増えるなど、認知度も上がっています。このようにSDGsでさらに発信性が高まり、地元の市民、特に若手を中心としたSDGsシンパが集まりより強く地方創生を推進

国連の会議でスピーチする牧野市長（当時）

しておられます。ＳＤＧｓ未来都市に選ばれてまだ1年ですので今後の一挙手一投足を注目していきたいと思います。

議会の理解を推進するには

我が国の地方自治を支える関係者が参加する研修機関として全国市町村国際文化研修所（ＪＩＡＭ）があります（近年では毎年６０００名を超える全国の市町村長、議員、職員などが参加）。そこで何度かＳＤＧｓの講師をさせていただきました。議員の方も多数参加されていました。

地方自治の推進では議会の役割は極めて重要です。議員もＳＤＧｓに大変関心を寄せています。ＳＤＧｓは政策そのものになっているからです。

したがって、自治体ＳＤＧｓを推進する場合には議員との議論を深めていかなければならないのは当然のことです。議会でのＳＤＧｓに関する質問も増えています。このような質疑に対して行政府として説明責任を果たす必要があります（ちなみに、企業の場合は、株主などステークホルダーへの説明責任があり同様の透明性と説明責任が必要です）。

議員に対しては、わかりやすくポイントが伝わるような説明が重要です。議員は、選挙区民に説明する機会が多いので市民へのＳＤＧｓの浸透を図っていく上で有力なチャネルです。

民間との連携をどう進めるか

国の行政も地方の行政もどんどん変わっています。役所が使う用語にも変化が現れています。例えば、「地方が稼ぐ時代」といわれます。最近は地方が「稼ぐ」、文化で「稼ぐ」、スポーツで「稼ぐ」というように、「稼ぐ」という単語がよく使われるようになりました。私が行政にいた十数年前までは、「稼ぐ」という単語はあまり聞いたことはなく、稼ぐのは企業という印象でした。

しかし、基本的には行政が収益目的で事業を行うわけではないので、行政が稼ぐという場合は、かつて「民活（民間活力）」と言っていたように、民間企業を呼び込んで、企業がビジネスを行い、そこで収益構造を作り、地元にお金を落とす、といった意味で使われているようです。

最近の地方創生ＳＤＧｓでは「自律的好循環」という言葉が出てきます。地元でキャッシュフローを生む、つまりお金が回る仕組みを作るといった意味で使われています。

自律的好循環

「自律的好循環」、これが地方創生ＳＤＧｓにおけるキーワードです。「地方創生に向けたＳＤＧｓ金融の推進のための基本的な考え方」（２０１９年3月25日、地方創生ＳＤＧｓ・ＥＳＧ金融調査・研究会）では次の記載があります。

「地域に関わる多様なステークホルダーがＳＤＧｓという共通言語を介して連携しながら、地域におけるＳＤＧｓ達成に向けた事業活動を通じて、地域課題の解決を図りながらキャッシュフローを生み出し、得られた収益を地域に再投資する『自律的好循環』を形成することが求められている。これにより、地域が陥っている人口減少や地域経済縮小の負のスパイラルに歯止めをかけ、企業の持続的成長と地域課題解決を同時に推進することが可能となる。」

自律的好循環という用語は、私にはすんなり入ってこないので、少し解読してみましょう。まず、「多様なステークホルダー」とありますが、ステークホルダーというのは、直訳すれば「利害関係者」となります。しかし、日本語の利害関係者は言葉としてはきついので単に関係者と理解すればよいでしょう。とすると地方創生における関係者とは誰でしょうか。地方創生法の推進では「産官学」に「金労言」、つまり、金は金融界、労は労働界、言はメディア界を加えています。「産官学金労言」です。

次に、地域における「事業活動」と出てくるので関係者として最初に思いつくのは企業です。ここでは、地域において企業が事業を行い、その事業を行う際にＳＤＧｓの目標などを踏まえた事業を想定しています。そして、企業の事業活動を通じて利益が創出されれば「キャッシュ」つまりお金が回ります。例えば、企業の収益があれば地方税の収入になる。また、地方での雇用も生まれます。事業活動が円滑に進めば再投資をしたり、事業規模を拡大したりする好循環が生まれてくる。このようなイメージを念頭に置いていると理解できます。

要すれば、「自律的好循環」とは、課題解決型ビジネスを通じて地域内でお金が回る仕組み、といった意味ととらえることができます。

よく英語を使うとわかりにくいという議論がありますが、「自律的好循環」という言葉は日本語ですが、かなり難しいと思います。このような言葉を使うと、企業人は「ちんぷんかんぷん」になります。その結果、せっかく企業を呼び込もうとする内容なのに企業人が食いつきません。企業人も組織人ですから、自分の組織に持ち帰り上司に説明しなければなりません。最初のキーワードがこれでは、上司から「それはどういう意味だ」と聞かれ、正確に説明できなくなると「しどろもどろ」になります。入口でつまずくわけです。もう少しわかりやすい表現に切り替えてキーワードを作ってはいかがかと思います。

求められるＳＤＧｓ経営

ＳＤＧｓは地球規模的課題をふまえて策定された持続可能性についての「世界の共通言語」で２０１５年にできました。一方、投資家を中心に、ＥＳＧという表現が使われています。ＥＳＧ投資とは、従来の財務情報だけでなく、環境（Environment）・社会（Social）・ガバナンス

（Governance）要素も考慮した投資のことを指します。

ＥＳＧ投資家は、投資におけるＥ、Ｓ、Ｇの各要素の判断にあたり、企業のＳＤＧｓへの貢献度をひとつの指標として使うので、ＥＳＧとＳＤＧｓとは「表裏の関係」になったのです。これは、ＳＤＧｓへの対応が株価水準に直結するようになったことを意味します。これまでのＣＳＲなど以上に、ＳＤＧｓが経営上重要になった最大の理由です。

ＳＤＧｓは、投資家のみならず、取引の大きなプラットフォームを提供する企業（流通大手、基幹製品製造業、大規模プロジェクト推進企業等）から対応が求められるほか、東京五輪などの官公需、関心の高いミレニアル世代の消費者への対応など、全ての関係者からの要請でもあります。したがって、非上場企業も中小企業も例外ではないのです。

ＳＤＧｓの主流化

ＳＤＧｓは政府の政策や関係各方面で、単なる参照事項ではなく重要事項として扱われるという意味で、「主流化」が加速しています。この結果、それへの対応は全部署に関連し、経営トップも重大な関心を寄せる経営事項になっています。

このような中で、企業は、今後の世界及び国内でのＳＤＧｓの動きを注視しつつＳＤＧｓに関しても戦略性をもって臨む必要があります。ＳＤＧｓが政府の政策に取り入れられる中で、様々な関係者がＳＤＧｓへの動きを強めており、日本では、次の6方面の動きが重要です。

① ＥＳＧ投資が加速し、特に、世界最大の機関投資家である年金積立金管理運用独立行政法人（ＧＰＩＦ）が２０１５年９月に国連責任投資原則（ＰＲＩ）に署名し、ＥＳＧ投資の推進を明確化。ＧＰＩＦは事業会社にはＳＤＧｓの実践を求め、投資面で、ＳＤＧｓとＥＳＧが関連付けられる契機のひとつとなっている。

② 取引の大きなプラットフォームを提供する企業（流通大手、基幹製品大手、大規模プロジェクト推進企業など）がＳＤＧｓを打ち出し始めたので、これら企業との取引にはＳＤＧｓが重要になっている。

③ 自治体でも、ＳＤＧｓ未来都市が政府により93選定された。

④ 五輪の調達・運営のルールでＳＤＧｓが基準として明確になり、政府は「ＳＤＧｓ五輪」と明記。２０２５年大阪・関西万博も、その主たる目的はＳＤＧｓの実現への貢献である。

⑤ 大学、消費者、ＮＰＯ／ＮＧＯもＳＤＧｓへの取り組みを強化。特にミレニアル・ポストミレニアル世代がＳＤＧｓへの関心を強めている。

⑥ メディアでも、日経新聞のＥＳＧやＳＤＧｓに関するフォーラム、朝日新聞のＳＤＧｓへの取り組みなどがある。

経団連（日本経済団体連合会）は、17年11月に「企業行動憲章」を、「『Ｓｏｃｅｉｔｙ５・０』の実現を通じたＳＤＧｓの達成」を柱として改定しました。金融界でも、全国銀行協会や日本証券業協会が、ＳＤＧｓの達成を協会の重要課題と位置付けて憲章改定を行いました。このように、経済界全体でＳＤＧｓへの対応が加速しています。

企業を呼び込む

今は、企業は社会課題、特に地域課題にも取り組みつつ、経済価値も見いだしていく「共通価値の創造」という戦略をとっている企業が多くなってきました。

これは、ハーバード・ビジネス・スクールのマイケル・ポーター教授が提唱した、横文字の概念、Creating Shared Value（ＣＳＶ：共通価値の創造）と呼んだ経営戦略ですが、要は日本で言えば、「三方良し」＝「自分良し、相手良し、世間良し」という考えに近いものです。そして、今は、「世間」のところがＳＤＧｓだと思えばいいのです。

ここで企業がＳＤＧｓにどのように取り組んでいるか見ておきましょう。

地域の中で、自律的好循環、つまり、キャシュフローを生む、地域にお金の流れを作るためには、民間企業の役割が極めて重要です。古くからの手法としては、企業誘致のような政策手法や民間活力の推進がありました。今は、基本的には、官と民といった形ではなくて、相互に連携する、つまりフラットな形でお互いにウィン・ウィン関係をつくっていくことが重要な要素になってきました。

では民間企業はどのような志や想いでこのようなCSV戦略を推進しているのでしょうか。この点について大変参考になる懇談内容をここに再録しておきましょう。これは、私が実行委員長を務める「未来まちづくりフォーラム」に向けての実行委員メンバーの意見交換の内容です。

民間主導で地方創生に新たなムーブメントを
――「未来まちづくりフォーラム」の取り組み

今回の懇談の出席は、NTTドコモ、エプソン販売、JTB、PwCコンサルティング、LIFULL各社の責任者です。未来まちづくりを推進する東京・大手町にある、エコッツェリア協会の田口真司さんも参加しています。

様々な分野の企業がどのようなねらいでSDGsによる未来まちづくりに取り組んでいるかについて、ねらいと方針を語っています。

笹谷秀光・未来まちづくりフォーラム実行委員長（以下、笹谷）：地方創生に関する様々なイベントがある中で、未来まちづくりフォーラムと他との違いは「民間主導」ということです。

自治体や企業など持続可能なまちづくりを志す様々なアクターが集まる場です。本日は、そうした場を創るために集結した実行委員会の皆様にお越しいただきました。参画のねらいと、当日、どんなお話をされるか聞かせていただきたいと思っています。

それぞれの企業は、異なるやり方でビジネスを用いて地方の輪の中に入り、新たな価値を生んでいます。「売り手良し、買い手良し、世間良し」という「三方良し」、英語ではマイケル・ポーターの提唱するCSV（Creating Shared Value：共通価値の創造）を推進し、新たな価値を社会課題の解決の中で生みながらビジネス化しています。

共通テーマは「コラボレーションの仕方」。私の言い方では「協創力」です。そして、発信力も大切です。発信の仕方も含め、良きことを外に広める力を発揮いただきたいと考えています。

まずは、LIFULLの渡辺さんからお話を聞かせてください。

前列左から、田口真司氏、筆者、下條美智子氏
後列左から、渡辺昌宏氏、鈴木紳介氏（株式会社博展）、山本圭一氏、高橋俊介氏

テーマは「協創力」

渡辺昌宏・ＬＩＦＵＬＬ地方創生推進部部長（以下、渡辺）：ＬＩＦＵＬＬは社会的課題の解決を、ビジネスモデルを構築しながら持続可能なかたちで行うことを目指しています。その中で、日本の大きな社会課題のひとつ「空き家問題」に取り組んでいます。

「空き家の再生」に軸を置き、新たなライフスタイルを提案する様々な事業を展開しています。空き家情報のプラットフォーム化や空き家活用の資金調達支援、空き家活用のプロデュース、空き家活用の人材育成とマッチングなどです。

空き家をデータベース化するために、全国の自治体の皆さんと連携し、空き家の物件情報の掘り起こしを行い、２０１７年に「全国版空き家バンク」というメディアを構築し、今では５８０自治体が参画するまでになりました。

空き家を利活用する人たちのニーズがデータベース化され、空き家所有者の課題もデータベース化されてきています。また自治体には空き家の相談窓口機能が存在しますが、これまで自治体が標準化できていなかったことをマニュアル化することで、所有者と利活用希望者のマッチング率を上げることに取り組んでいます。

今、課題、利用ニーズ、解決しているもの、そして空き家が世の中にどう活用されているのかというデータベースを貯めています。これらのデータベースを活用し、最終的には生産性が上がるかたちにつないでいこうということに取り組んでいます。

笹谷：ＬＩＦＵＬＬと自治体の役割はどう分かれているのでしょうか。

渡辺：我々は、利用者にわかりやすく空き家の情報を提供するための『全国版空き家バンク』をつくり、空き家の利用者を増やすための集客を担っています。

一方、自治体は空き家を所有する方々の相談機能窓口を開設し、相談された物件を空き家バンクにデータベースとして登録することをしています。利用者が「こういう空き家を使いたい」と言った時に、我々のメディアを使って、物件と利用者のマッチングを行っています。

田口真司・エコッツェリア協会（一般社団法人大丸有環境共生型まちづくり推進協会）事務局次長（以下、田口）：まさに空き家は大きな課題で、都市にも相当数あるのに都市の人はあまり気づいていません。取り組みを発信して、課題を皆さんに気づいていただくのが重要かなと思っています。肌身で気づき始めたら、もう遅いと思います。人口減少が進む中で、家という大事な資産を放置している状況を変えていかないといけません。

空き家は上手くプラスに転じれば、本当に色んな資産になると思います。古民家を使って酒蔵をやろうという話なんかを聞くこともあります。都市の人も地域の人も皆が楽しみながら、空き家という資産を一緒に使って、企業にもビジネスチャンスが生まれるということを目指したいと思っています。

渡辺：データベースを軸にしたサービスをどんどん創り、空き家の再生エコシステムの構築を目指しています。未来まちづくりフォーラムでは、福島県磐梯町の佐藤淳一町長をお招きして「デジタルガバメント×関係人口が挑戦する共創型社会の実現」をテーマに取り組み事例について話します。

笹谷：ありがとうございます。NTTドコモもICTを主軸にやっていらっしゃいます。

テクノロジーと地方創生

山本圭一・NTTドコモ地域協創・ICT推進室第二・第一担当課長（以下、山本）：弊社は、未来まちづくりフォーラムの前身である「まちてん」から参画しています。きっかけは、私が東日本大震災の復興支援に携わり、そこで活動していたことが実は「まちづくり」「地方創生」だとアドバイスをいただいたことです。

復興支援を行う時にいつも思っていたことがあります。ボランティアやお金で支援することは簡単ですが、そこに根付いてサービスを設計するなど持続的支援ができていないということです。ビジネスを通して地域課題を解決する方法をとらなければいけないのではないか――。そう思うようになりました。

社内でも少しずつCSV、SDGsといわれるようになり、企業に対する社会からの要請も強まる中で、私が所属する「地域協創・ICT推進室」が立ち上がりました。ドコモのICT技術を使い、医療や観光、金融、農業、教育など幅広い地域課題の解決に貢献することに取り組んでいます。

未来まちづくりフォーラムに期待することは、同じように参画するパートナー企業のみなさまや自治体、来場される企業のみなさまと協創するきっかけをつくることです。

笹谷：ドコモでは「ドコモの地域協創」というサイトをつくり、全都道府県制覇型のきめ細かな地域展開をして、各自治体や地元企業とのコラボレーションについて発信を行っていますね。

山本：サイトでの情報発信の効果は大きいです。「ドコモの地域協創」をテー

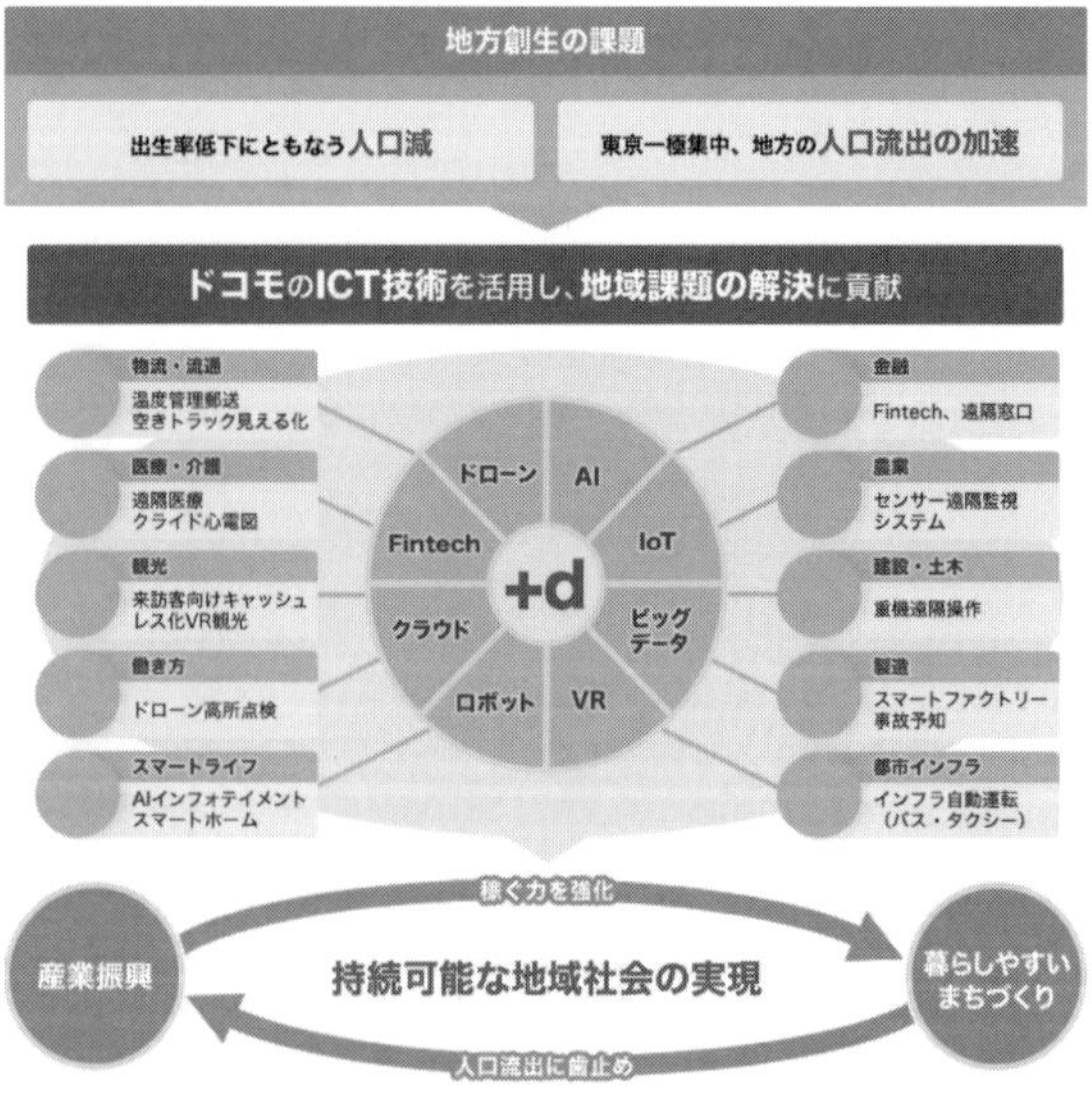

※「ドコモの地域協創」のサイトより

マに全国をまわり、展示も行い、ＩＣＴを活用した持続可能な社会づくりの実現について考えるセミナーを行っています。参加人数も増えています。

ただ、我々だけでは何もできません。「パートナー企業とわれわれ」というパートナー協創を大事にしています。「パートナー＋ｄ」と呼んでおり、我々が後ろに寄り添うという意味合いがあります。

今回の未来まちづくりフォーラムでは、「まちづくり×５Ｇ・ＩｏＴ」をテーマに大分県、前橋市、横須賀市の方々をお呼びして、５Ｇに関連した自治体との協創を紹介していきます。今年は５Ｇ元年ですから。

笹谷：ＩＣＴというと、サイバー空間と現実空間を融合させたシステムによって、経済発展と社会的課題の解決を両立する社会「Ｓｏｃｉｅｔｙ５・０」を目指す動きがあります。その良い事例がエプソンだと思います。

乾式オフィス製紙機「ペーパーラボ」は紙の未来を変える商品ですよね。ＳＤＧｓ目標15「陸の豊かさも守ろう」や目標９「産業と技術革新の基盤をつくろう」、目標４「質の高い教育をみんなに」など様々な目標に関連するものです。

高橋俊介・エプソン販売産業機器営業部産業機器営業三課課長（以下、高橋）：ペーパーラボは、オフィスの中で使用済みのコピー用紙を新たな紙に再生する機械です。特徴は水をほとんど使わないこと、そして使用済みの紙を綿のような紙繊維レベルまで分解するため、機密情報も完全に抹消できます。また、リサイクルペーパーよりさらに付加価値の高い紙ができ、厚紙や色紙をつくることが可能です。まさにテクノロジーの神髄です。今年は、ペーパーラボを未来まちづくりフォーラムの会場でも展示させていただきます。

　協業の取り組みはこれからさらに進めていきたいです。ドコモさんのように、協業相手を上手く見つけたいと思います。未来まちづくりフォーラムはまさに自治体と企業や様々なセクターがコラボレーションしていく場ですから、そういう相手が見つかれば良いなと思っています。

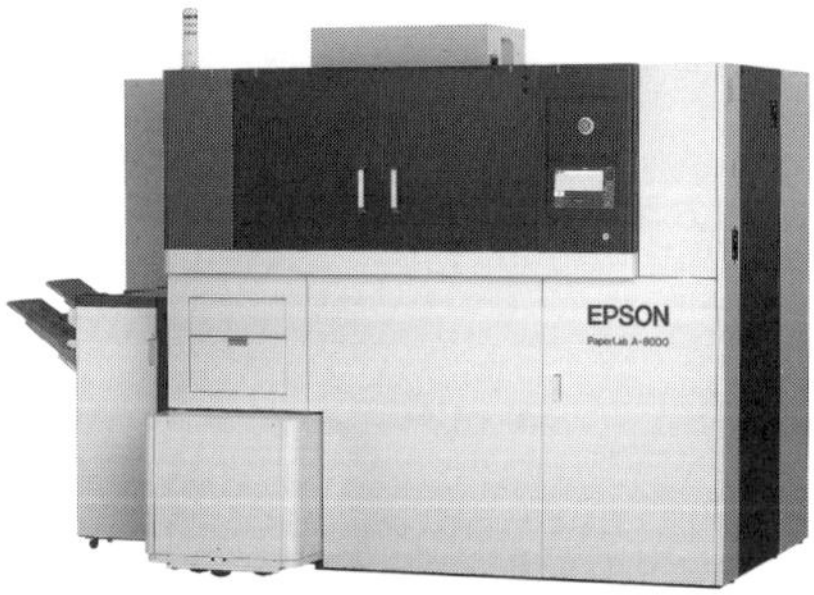

ペーパーラボ

笹谷：ペーパーレス化が進む中で、個人的には、紙が必要な場面もあると思います。自社で資源循環を実現するというのは大変なイノベーションです。今回の未来まちづくりフォーラムでは、一関市の勝部修市長をお迎えしてセッション「世界を観る眼で一関を拓く〜黄金が奏でる持続可能なアクションプラン〜」を行います。

高橋：一関市と協業させていただく理由は、市長がＳＤＧｓの目標年である２０３０年のその先を見据えて様々な取り組みを行っているからです。どうすれば市民が自分事として捉え、未来に向けた取り組みを行ってくれるのか。勝部市長は自らの在職期間に留まらず、先々を見通したビジョンを持っていらっしゃいます。

東京オリンピック・パラリンピックで入賞者に授与されるメダルを小型電化製品に含まれる金属からつくる「都市鉱山からつくる！みんなのメダルプロジェクト」があります。これは元々、一関市と青森県八戸市、秋田県大館市が提案したものです。一関市では以前から、使用済みの小型家電回収に積極的に取り組んでいます。岩手日日新聞によると、２０１３年度から２０１９年度の回収量は金メダル約１１５個分に相当するそうです。

一関市はＳＤＧｓ未来都市ではありません。でも２０１５年に「一関市資源・エネルギー循環型まちづくりアクションプラン」を策定するなど、すでに様々なＳＤＧｓ達成に向けた本物の取り組みを行っています。その一環として、昨年末にペーパーラボも導入していただきました。

笹谷：素晴らしいですね。これから「ＳＤＧｓ仲間」がどんどん増えていき、それがビジネス全体に波及するようにしていっていただければと思います。

では、ＰｗＣ Ｊａｐａｎはどのような思いで参画しますか。

ソーシャル・インパクトをどう創出するか

下条美智子 ＰｗＣコンサルティング公共事業部（以下、下条）：弊社も様々な地方創生に関わるプロジェクトに携わっています。事業会社の皆様と異なるのは、お客様の困りごとを解決するコンサルティングが主なところだということです。復興支援や地域の人材育成など色々なプロジェクトを経験してきました。ＳＤＧｓの中でも、目標17「パートナーシップで目標を達成しよう」が特にコンサル会社がコミットでき、力を発揮できる目標だと思っています。

ＰｗＣは「官民連携」と「コレクティブインパクト」に重きを置いています。私たちは内閣府の地方創生や官民連携プラットフォームの分科会を主導しており、地域で得た教訓などを日本国内に発信することに力を入れています。

弊社は、地方創生はもちろんですが、これからは社会的価値を重んじる時代が来ると前々から発信しています。役員も含め社員が地方や社会的課題の起きている現場に出向いて、フィールドスタディーを行っています。未来まちづくりフォーラムの前日に行われる「全国ＳＤＧｓ未来都市ブランド会議」では、その中で出会った宮城県女川町とセッションを組みます。

笹谷：フィールドスタディーは素晴らしいですね。ハーバード・ビジネス・スクールの人たちも被災地にフィールドスタディーに来ていると聞いたことがあります。業務の中でそれをやっているんですよね。

下條：そうですね。フィールドスタディーやプロボノは数年前から行っています。それを母体に、今後は経済的価値と社会的価値を共存させるビジネスモデルを成立させていこうと、今年度から「ソーシャル・インパクト・イニシアティブ」を立ち上げて、私が主導しております。

地域社会の課題ももちろんですが、色々な課題に対するソーシャル・インパクト（社会的インパクト）の向上を目指してマネジメントを行い、さらにソーシャル・インパクト・マネジメントを普及させ、コレクティブインパクトを創出していくことに取り組んでいます。

須田善明・女川町長は自治体を運営するのではなく経営するという視点を持たれています。女川町が持っている資産や資本をどういうソーシャル・インパクトを生み出すために活用するか。セッションでは、ＰｗＣと女川町が一緒に取り組んだ「社会的価値の見える化」について話します。

笹谷：ＰｗＣは世界のネットワークがあるので世界のいろんなベストプラクティス、情報が入りやすいですね。セッションが非常に楽しみです。

下條：今回、金融機関が未来まちづくりフォーラムに参画してくださるのは非常にいいことだと思っています。いよいよこういう課題に金融機関も取り込まれる世の中になってきたなと思います。内閣府は金融機関によるＳＤＧｓを考慮した金融支援「ＳＤＧｓ金融」を提唱しています。これからの地方の動きは金融機関の動きを無視して成り立たないと考えています。そういう点でも、一般企業がもう少し危機感を持って進めていく際の示唆になると思っています。

田口：皆さんのお話を聞いていて、素直に嬉しいという感情が芽生えました。欧州には、民間も一般市民も行政もみんなで未来の社会をつくる、あるいは社会的課題の解決をするための「フューチャーセンター」があります。一方、数年前まで、日本では売上高の拡大やＲＯＥ（自己資本利益率）、ＲＯＩ（投資利益率）といったことの方が話題になり、遅れていると感じていました。しかし、日本は加速度的に変わってきました。地方と連携することも当たり前になってきました。未来まちづくりフォーラムも当たり前のこと、ど真ん中のことを言い続けていたら、人や情報が集まってきました。

笹谷：未来まちづくりフォーラムには、地方創生のためのプラットフォームに必要な「産官学金労言」の全てが集まります。特に、滋賀銀行の頭取も登壇します。そして、内閣府をはじめ総務省や文部科学省など８府省のほかに全国知事会、全国市長会、全国町村会から後援していただいております。
「未来まちづくりフォーラム」をぜひプラットフォームとして活用いただきたいと思います。

※懇談実施日は２０２０年2月13日。「未来まちづくりフォーラム」はＳＤＧｓで日本の未来を協創することを目指し、２０２０年2月20日、パシフィコ横浜で開催。主催は民間企業8社に加え、まちづくりに関連する団体や大学関係者で構成する「実行委員会」。次回第3回は２０２１年2月24日、横浜で開催の予定(Miramachi.jp)。

未来まちづくりフォーラムのロゴ

企業ＳＤＧｓとの連携

いかがでしたでしょうか。記事を書いたのは、ご自身でも出身地の高知県を熱く応援して実際の活動も行っているSustainable Brands Japan編集局デスクの小松遥香さんです。その筆力もあって大変雰囲気が伝わる内容です。

ポイントは民間企業のこのような志や想いを、ＳＤＧｓを使って共通認識に持ち込み、このような企業の関係者の理解と協力も得て地方創生ＳＤＧｓのプラットフォームづくりを行うことです。かつてのように企業を利益主義ととらえると、深みのある連携は生まれません。まずは、現在の民間企業の様子をよく理解するところからスタートする必要があります。

若干の苦言を申し上げれば、自治体の方は、まだ民間企業のこのような志や想いについて十分に理解しているとは言い難いところがあります。これからは自治体や企業、その他の関係者の間で「ＳＤＧｓ仲間」がどんどん生まれていくと思います。

企業は、ＳＤＧｓを重点課題設定、目標設定、発信、そして経営戦略に使う「ＳＤＧｓ経営」を加速させています。ＳＤＧｓによりＣＳＶの社会課題が客観化し企業内では認識統一に役立ち、社外には社会課題解決企業であることが明確に伝わります。地方創生では、ともすれば小規模な連携にとどまり大企業の参画につながりにくい面がありますが、大企業を含めた連携により事業のスケーリング（拡大）につなげていく必要があります。

関係人口というアプローチ

地方では人口減少に悩んでいます。そこで、企業人などを地域に呼び込む新たな考えとして「関係人口」が話題です。第２期「まち・ひと・しごと創生総合戦略」で、基本目標２：「地方とのつながりを築く」観点が追加され、特に「関係人口」という考えが強調されています。関係人口とは、移住した「定住人口」でもなく、観光に来た「交流人口」でもない、地域と多様に関わる人々を指す言葉です。地域外の人材が地域づくりの担い手となることが期待されています。地域外から地域の祭りに毎年参加する、副業・兼業で週末に地域で働くなど、多様な形で関わる人々です。

関係人口は、①地域住民との交流がイノベーションや新たな価値を生む、②将来的な移住者の増加にもつながる、③自己実現の機会をもたらし、受入側のみならず、双方にとって重要な意義がある、などの効果があります。

総務省の関係人口のポータルサイトは大変興味深いです。実際に活躍している「関係人口」となった人々が紹介され、「関係人口創出・拡大事業」というモデル事業もあり、モデルに採択された自治体を「モデル団体」と呼び、以下の図の下に示されたキーワードで検索できます。

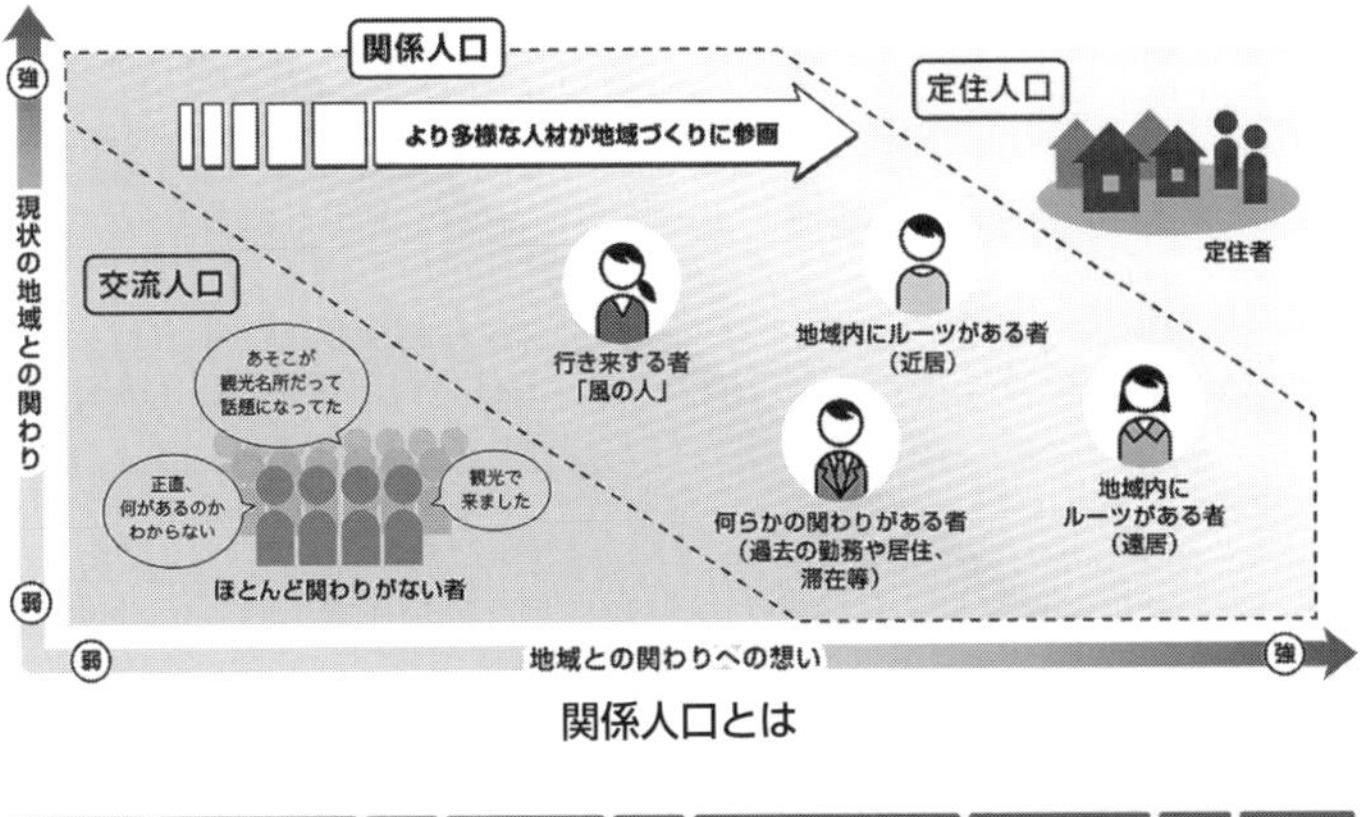

関係人口とは

空き家活用	イベント企画運営	移住	受入体制整備	観光	クラウドファンディング	コンテンツ開発	自然	情報発信
食	大学生	大学連携	地場産業	DIY	農業	ファン・サポーター	フィールドワーク	副業・複業・兼業
プラットフォーム	プロボノ	文化	祭り	学び・教育	モニターツアー	林業	歴史	ワーケーション

モデル団体の取り組みを検索するキーワード

出典：総務省「関係人口ポータルサイト」

ＳＤＧｓ的にみると、目標２（農業）、目標３（健康）、目標４（教育）、目標５（ジェンダー）、環境関連目標などをポータル（入口）にして、目標11（まちづくり）への目標17（パートナーシップ）と理解できます。

この関連で、「逆参勤交代」というコンセプトの提案があります。三菱総合研究所主席研究員である、松田智生さんが提唱しています。地域へ大都市圏社員が期間限定型リモートワークをするもので、地方にオフィスや住宅が整備され、地方への新たな人の流れを作るものです（松田智生編著「明るい逆参勤交代が日本を変える」事業構想大学院大学出版部編集・２０２０年）。

関係者連携の広がり

以上見てきた自治体と企業の連携以外にも、様々な形で、地方創生の「産官学金労言」の連携が進んでいます（図参照）。これをＰＰＡＰ（Public Private Action

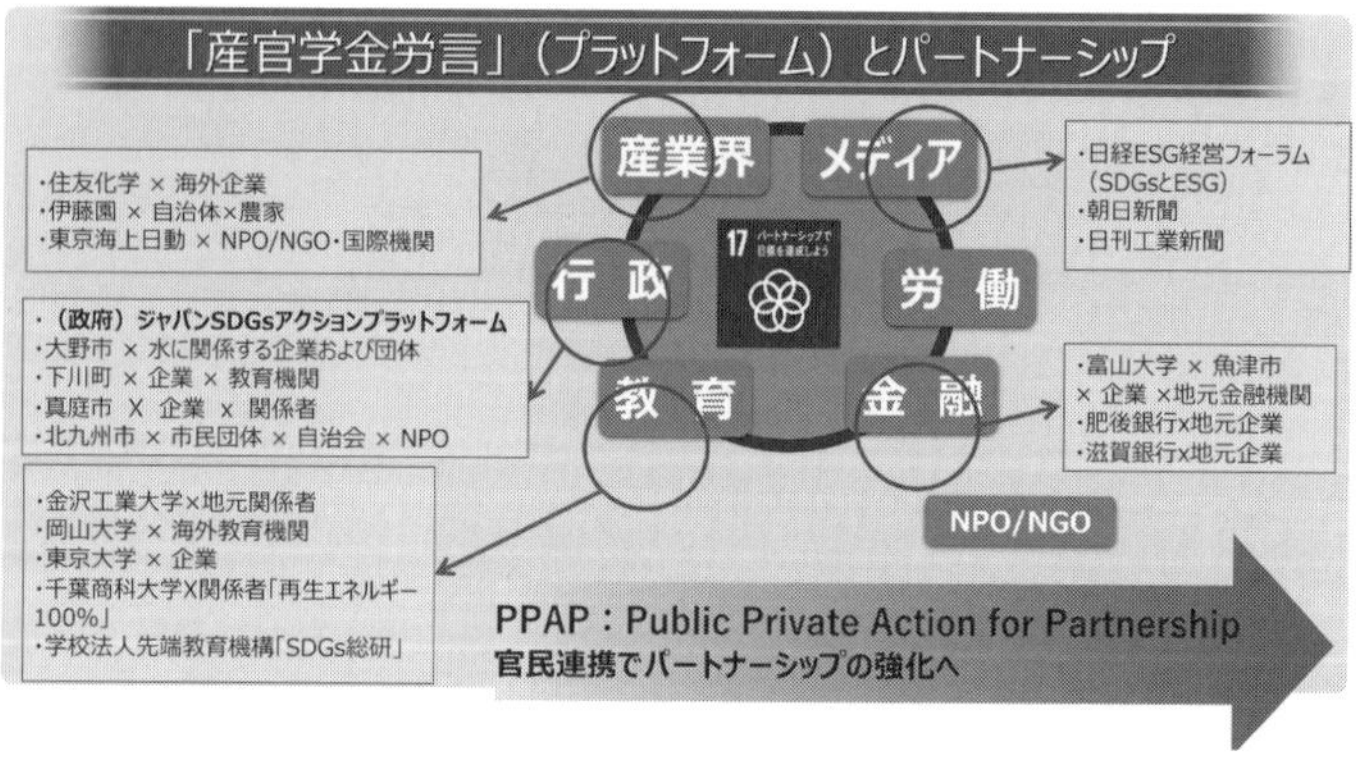

※筆者作成

SDGsのプラットフォーム「産官学金労言」

for Partnership）と呼んでいます。

大学と自治体の連携も深まっています。ＳＤＧｓ行動憲章を定めＳＤＧｓに力を入れる千葉商科大学は、環境省の「令和2年版環境白書・循環型社会白書・生物多様性白書」で「自然エネルギー１００％大学」を目指す取り組みが紹介されました。

同大学では原科幸彦学長のリーダーシップの下、ＳＤＧｓを幅広くカバーする４つのテーマで時代に即した研究を全学一丸で行う「学長プロジェクト」を進めています。

また、同大学は、千葉県市川市に所在する５つの高等教育機関（千葉商科大学、和洋女子大学、東京医科歯科大学教養部、昭和学院短期大学、東京経営短期大学）による「大学コンソーシアム市川」（会長・千葉商科大学原科学長）の一員です。この大学コンソーシアム市川は、市川市、市川商工会議所と産官学連携包括協定を締結し、「大学コンソーシアム市川産官学連携プラットフォーム」を形成しました（２０１８年11月設立）。「地域つながり力」を持った人材育成として「市川学」などを推進しています。

さらに、この連携プラットフォームは、地域社会の発展に資するため「市川学」での講義を行うなどの内容で、京成電鉄株式会社、東京ベイ信用金庫、千葉県税理士会市川支部と、包括協定を締結し、活動が「産官学金」に広がりました（２０２０年8月現在）。

ＮＰＯの役割も重要です。認定ＮＰＯ法人健康都市活動支援機構（*）（理事長・千葉光行氏）は、世界保健機関（WHO）が提唱する「健康都市」に賛同する西太平洋アジア地域の自治体ネットワークを支援することを目的にしています。地域住民の健康づくりと健康まちづくりの両面で支援事業を行い、人と街の健康を通した地域力の向上に貢献しています。

＊https：//www.ngo-hcso.org/

Sustainable
Development
Goals

第3章

SDGs推進でまちはどう変わる？

自治体がSDGsに取り組むメリットはどのようなものでしょうか。「SDGs未来都市」制度を解説しながら、SDGs推進でまちはどう変わるのかを見ていきます。

地方創生SDGsのメリット

自治体としてSDGs推進に取り組む意義、メリットは「コンセプト取りまとめ」でも整理されていますが、確認すると次の通りでしょう。

(1) 中長期的視点による持続可能なまちづくりの実現

SDGsは2030年を目標とした未来志向のツールです。SDGsにおける目標、ターゲット、指標を総合的に活用すれば、中長期的な視点から持続可能性のあるまちづくりを進めていくことが促進されます。

(2) 経済・社会・環境の統合効果

SDGsの特色のひとつが、「経済」「社会」「環境」の三側面を不可分のものとして統合性を目指すという原則があります。SDGsを活用することによって、自治体が抱える多様な課題について、経済・社会・環境の3分野の相互関連性を常に意識して考えていくことでこの三位一体が図られていく効果が高いと思います。

これまで例えば、環境にやさしい政策などがありますが、ともすれば、経済性がついていかないために政策の継続性が確保できないこともありました。また、社会性の課題解決でも経済性抜きに考える政策は長続きしません。

(3) 共通言語を活用した関係者連携の強化

地方創生の関係者間で、SDGsという共通言語を持つことで、政策目標の理解が進み、連携が促進されます。SDGsの目標17「パートナーシップ」では、ステークホルダーの連携・協働が強くうたわれており、また、SDGsは世界共通の言語であるため、国内外での連携を進めやすいという利点があります。特にSDGs経営企業は、自らの本業でビジネスを通じて社会的課題の解決を目指しています。企業との連携により、「自律的好循環」につながります。

(4) セクショナリズムの打破とSDGsによる人づくり

自治体の行政部局はこれまで各部局の間でセクショナリズムが見られました。SDGsの経済・社会・環境の統合性はこのセクショナリズム打破につながっていくと思います。

また、「ひとづくり」は重要な課題です。今後SDGs自治体には、SDGs人材が集まります。優秀な人材の採用も重要な課題です。

(5) 魅力あるまちづくりのブランディングと国内外への魅力の発信

ＳＤＧｓという世界共通の「ものさし」で分析することにより、自身の自治体の魅力や弱さの認識につながります。私は、これからのまちづくりには、「センス・オブ・プレイス」つまり、その場所の個性を発揮することが重要だと思います。今や自治体もブランディングの時代です。また、多くの自治体が世界との接点を強めています（例えば、様々な姉妹都市や五輪に向けてのホストタウンなど）。ＳＤＧｓは、先進国にも途上国にも適用される普遍性のあるグローバルな目標ですので、これを用いれば、自治体の取り組みを国内外へより効果的に発信できます。

数値目標のある政策

内閣府は、２０２４年度にはＳＤＧｓの達成に向けた取り組みを行っている全国の都道府県及び市区町村の割合を60％にすることを目指しています。

また、第2期の5年間で、次のような数値目標が設定されています。

・現状93都市のＳＤＧｓ未来都市選定数を累計で２１０都市にする
・「地方創生ＳＤＧｓ官民連携プラットフォーム」における官民連携マッチングの件数を累計で１０００件とする
・地方創生ＳＤＧｓ金融に取り組む地方公共団体の数を累計で１００団体とする

「SDGs未来都市」制度とは？

政府は、2018年度より、SDGsのモデル事例を創出すべく、「SDGs未来都市」及び「自治体SDGsモデル事業」の選定を行っています。

その結果、2018年度には55の応募に対し、29の「SDGs未来都市」及び10の「自治体SDGsモデル事業」が選定。2019年度は、57の応募に対し、31の「SDGs未来都市」及び10の「自治体SDGsモデル事業」が選定されました。

2020年度は、77の応募があり、33の「SDGs未来都市」及び10の「自治体SDGsモデル事業」が選定されました。このように応募数は増加傾向にあり、採択率は半分以下です。

○「SDGs未来都市」選定のメリット

SDGs未来都市は、政府による審査を経て認められたベストプラクティスとして内外に発信されます。その自治体の関係者にとってみれば大変名誉なことですし、加えて自治体SDGsモデル事業に選定されればモデル事業のメリットも享受できます。

また、SDGs未来都市になったことに伴い、同じく未来都市に認定された自治体同志での交流が深まると思います。SDGs経営企業も増えており、このような企業はSDGs未来都市と

2018年度　SDGs未来都市　選定都市一覧

No.	提案者名	提案全体のタイトル
1	北海道	北海道価値を活かした広域SDGsモデルの構築
2	北海道札幌市	次世代の子どもたちが笑顔で暮らせる持続可能な都市・「環境首都・SAPP‿RO」
3	北海道ニセコ町	環境を生かし、資源、経済が循環する自治のまち「サスティナブルタウンニセコ」の構築
4	北海道下川町	未来の人と自然へ繋ぐしもかわチャレンジ2030
5	宮城県東松島市	全世代グロウアップシティ東松島
6	秋田県仙北市	IoT・水素エネルギー利用基盤整備事業
7	山形県飯豊町	農村計画研究所の再興『2030年も「日本で最も美しい村」であり続けるために』
8	茨城県つくば市	つくばSDGs 未来都市先導プロジェクト
9	神奈川県	いのち輝く神奈川 持続可能な「スマイル100歳社会」の実現
10	神奈川県横浜市	SDGs未来都市・横浜〜"連携"による「大都市モデル」創出〜
11	神奈川県鎌倉市	持続可能な都市経営「SDGs未来都市かまくら」の創造
12	富山県富山市	コンパクトシティ戦略による持続可能な付加価値創造都市の実現
13	石川県珠洲市	能登の尖端"未来都市"への挑戦
14	石川県白山市	白山の恵みを次世代へ贈る「白山SDGs未来都市2030ビジョン」
15	長野県	学びと自治の力による「自立・分散型社会の形成」
16	静岡県静岡市	「世界に輝く静岡」の実現 静岡市5大構想×SDGs
17	静岡県浜松市	浜松が「五十年、八十年先の『世界』を富ます」
18	愛知県豊田市	みんながつながる ミライにつながるスマートシティ
19	三重県志摩市	持続可能な御食国の創生

No.	提案者名	提案全体のタイトル
20	大阪府堺市	「自由と自治の精神を礎に、誰もが健康で活躍する笑顔あふれるまち」
21	奈良県十津川村	持続可能な森林保全及び観光振興による十津川村SDGsモデル構想（仮称）
22	岡山県岡山市	誰もが健康で学び合い、生涯活躍するまちおかやまの推進
23	岡山県真庭市	地域エネルギー自給率100% 2030“SDGs”未来杜市真庭の実現～永続的に発展する農山村のモデルを目指して（私がわたしらしく生きるまち）～
24	広島県	SDGsの達成に向けて平和の活動を生み出す国際平和拠点ひろしまの取組を加速する～マルチステイクホルダー・パートナーシップによるSDGsの取組の強化～
25	山口県宇部市	「人財が宝」みんなでつくる宇部SDGs推進事業～「共存同栄・協同一致」の更なる進化～
26	徳島県上勝町	SDGsでSHLs（Sustainable Happy Lives）持続可能な幸福な生活
27	福岡県北九州市	北九州市SDGs未来都市
28	長崎県壱岐市	壱岐活き対話型社会「壱岐（粋）なSociety5.0」
29	熊本県小国町	地熱と森林の恵み、人とのつながりがもたらす持続可能なまちづくりを目指して

※都道府県・市区町村コード順
※網掛けは「自治体SDGsモデル事業」選定自治体

出典：内閣府地方創生推進事務局ホームページ

2019年度　SDGs未来都市　選定都市一覧

No.	提案者名	提案全体のタイトル
1	岩手県 陸前高田市	ノーマライゼーションという言葉のいらないまちづくり
2	福島県郡山市	SDGsで「広め合う、高め合う、助け合う」こおりやま広域圏～次世代につなぐ豊かな圏域の創生～
3	栃木県宇都宮市	SDGsに貢献する持続可能な“うごく”都市・うつのみやの構築
4	群馬県 みなかみ町	水と森林と人を育む みなかみプロジェクト2030～持続可能な発展のモデル地域“BR”として～
5	埼玉県 さいたま市	SDGs国際未来都市・さいたま2030モデルプロジェクト～誰もが住んでいることを誇りに思える都市へ～
6	東京都日野市	市民・企業・行政の対話を通した生活・環境課題産業化で実現する生活価値（QOL）共創都市 日野
7	神奈川県川崎市	成長と成熟の調和による持続可能なSDGs未来都市かわさき
8	神奈川県 小田原市	人と人とのつながりによる「いのちを守り育てる地域自給圏」の創造
9	新潟県見附市	住んでいるだけで健康で幸せになれる健幸都市の実現～「歩いて暮らせるまちづくり」ウォーカブルシティの深化と定着～
10	富山県	環日本海地域をリードする「環境・エネルギー先端県とやま」
11	富山県南砺市	「南砺版エコビレッジ事業」の更なる深化～域内外へのブランディング強化と南砺版地域循環共生圏の実装～
12	石川県小松市	国際化時代に ふるさとを未来へつなぐ「民の力」と「学びの力」～PASS THE BATON～
13	福井県鯖江市	持続可能なめがねのまちさばえ～女性が輝くまち～
14	愛知県	SDGs未来都市あいち
15	愛知県名古屋市	SDGs未来都市～世界に冠たる「NAGOYA」～の実現
16	愛知県豊橋市	豊橋からSDGsで世界と未来につなぐ水と緑の地域づくり

No.	提案者名	提案全体のタイトル
17	滋賀県	世界から選ばれる「三方よし・未来よし」の滋賀の実現
18	京都府舞鶴市	便利な田舎ぐらし『ヒト、モノ、情報、あらゆる資源がつながる“未来の舞鶴”』
19	奈良県生駒市	いこまSDGs未来都市～住宅都市における持続可能モデルの創出～
20	奈良県三郷町	世界に誇る!! 人にもまちにもレジリエンスな「スマートシティ SANGO」の実現
21	奈良県広陵町	「広陵町産業総合振興機構（仮称）」の産官学民連携による安全・安心で住み続けたくなるまちづくり
22	和歌山県 和歌山市	持続可能な海社会を実現するリノベーション先進都市
23	鳥取県智頭町	中山間地域における住民主体のSDGsまちづくり事業
24	鳥取県日南町	第一次産業を元気にする～ SDGsにちなんチャレンジ2030 ～
25	岡山県西粟倉村	森林ファンドの活用で創出するSDGs未来村
26	福岡県大牟田市	日本の20年先を行く10万人都市による官民協働プラットフォームを活用した「問い」「学び」「共創」の未来都市創造事業
27	福岡県福津市	市民共働で推進する幸せのまちづくり～津屋崎スタイル～を世界へ発信
28	熊本県熊本市	熊本地震の経験と教訓をいかした災害に強い持続可能なまちづくり
29	鹿児島県大崎町	大崎リサイクルシステムを起点にした世界標準の循環型地域経営モデル
30	鹿児島県 徳之島町	あこがれの連鎖と幸せな暮らし創造事業
31	沖縄県恩納村	SDGsによる「サンゴの村宣言」推進プロジェクト～「サンゴのむらづくり行動計画」の高度化による世界一サンゴと人に優しい持続可能な村づくり～

※都道府県・市区町村コード順
※網掛けは「自治体SDGsモデル事業」選定自治体

出典：内閣府地方創生推進事務局ホームページ

2020年度　SDGs未来都市　選定都市一覧

No.	提案者名	提案全体のタイトル
1	岩手県岩手町	トリプルボトムラインによる町の持続可能性向上モデルの構築・実証～ SDGs姉妹都市×リビングラボ～
2	宮城県仙台市	「防災環境都市・仙台」の推進
3	宮城県石巻市	最大の被災地から未来都市石巻を目指して～グリーンスローモビリティと「おたがいさま」で支え合う持続可能なまちづくり～
4	山形県鶴岡市	森・食・農の文化と先端生命科学が共生する“いのち輝く、創造と伝統のまち 鶴岡”
5	埼玉県春日部市	春日部2世、3世その先へと住みつなぐまち～未来へ発信する世代循環プロジェクト～
6	東京都豊島区	消滅可能性都市からの脱却～持続して発展できる「国際アート・カルチャー都市」への挑戦～
7	神奈川県相模原市	都市と自然 人と人 共にささえあい生きる　さがみはらSDGs構想
8	石川県金沢市	世界の交流拠点都市金沢の実現～市民と来街者が「しあわせ」を共創するまち～
9	石川県加賀市	官民協働のスマートシティによる持続可能なまち
10	石川県能美市	能美市SDGs未来都市 暮らしやすさ日本一実感できるまちへ
11	長野県大町市	SDGs共創パートナーシップにより育む「水が生まれる信濃おおまち」サステナブル・タウン構想
12	岐阜県	SDGsを原動力とした持続可能な「清流の国ぎふ」の実現
13	静岡県富士市	富士山とともに 輝く未来を拓くまち ふじ
14	静岡県掛川市	市民協働によるサステナブルなまちづくり
15	愛知県岡崎市	“みなも”きらめく 公民連携サスティナブル城下町OKAZAKI ～乙川リバーフロントエリア～
16	三重県	若者と創るみえの未来～持続可能な社会の構築～
17	三重県いなべ市	グリーンクリエイティブいなべ～グリーンインフラ商業施設「にぎわいの森」から、カジュアルなSDGs推進を世界へ～
18	滋賀県湖南市	さりげない支えあいのまちづくり　こなんSDGs未来都市の実現【シュタットベルケ構想】

No.	提案者名	提案全体のタイトル
19	京都府亀岡市	「かめおか霧の芸術祭」×X（かけるエックス）～持続可能性を生み出すイノベーションハブ～
20	大阪府・大阪市	2025年大阪・関西万博をインパクトとした「SDGs先進都市」の実現に向けて
21	大阪府豊中市	とよなかSDGs未来都市～明日がもっと楽しみなまち～
22	大阪府富田林市	SDGsを共通言語としたマルチパートナーシップによる“富田林版”いのち輝く未来社会のデザイン
23	兵庫県明石市	SDGs未来安心都市・明石～いつまでも すべての人にやさしいまちを みんなで～
24	岡山県倉敷市	多様な人材が活躍し、自然と共存する“持続可能な流域暮らし”の創造～高梁川流域圏の発展は倉敷市の発展～
25	広島県東広島市	SDGs未来都市東広島 未来に挑戦する自然豊かな国際学術研究都市
26	香川県三豊市	せとうちの海と山とまち～ひろく豊かな田園都市・多極分散ネットワーク型みとよ形成事業
27	愛媛県松山市	みんなを笑顔に“観光未来都市まつやま”～瀬戸内の島・里・山をつなぐまち～
28	高知県土佐町	持続可能な水源のまち土佐町～人々の豊かな営みが「世界」を潤す水を育む～
29	福岡県宗像市	「世界遺産の海」とともに生きるSDGs未来都市 むなかた
30	長崎県対馬市	自立と循環の宝の島～サーキュラーエコノミーアイランド対馬～
31	熊本県水俣市	みんなが幸せを感じ、笑顔あふれる元気なまちづくり
32	鹿児島県鹿児島市	“活火山・桜島”と共生し発展する持続可能なSDGs未来都市・鹿児島市
33	沖縄県石垣市	自然と文化で創る未来～守り・繋ぎ・活きる島 石垣～

※都道府県・市区町村コード順
※網掛けは「自治体SDGsモデル事業」選定自治体

出典：内閣府地方創生推進事務局ホームページ

の関係を持ちたいと考えるのは自然なことです。このようにＳＤＧｓ仲間になったりＳＤＧｓ仲間を増やしたりする効果が高いでしょう。

さらに、ＳＤＧｓ未来都市になれば様々な発信をしますので、庁内の職員もおのずと学ぶことになります。ＳＤＧｓの持っている、普遍性や包摂性の効果が職員全体のモチベーション向上を加速する可能性が高いでしょう。加えて、ＳＤＧｓ未来都市で仕事をしたいと考える優秀な人材が集まる効果があります。

○今後のＳＤＧｓ未来都市の展望

もともと地方創生法がＰＤＣＡサイクルで成果を上げることを目指していました。そして数値目標の設定が行政の最新の流れです。

このような数値目標を立てた政策は財務省の審査でも反映され、今後の計画的な政策遂行と予算獲得につながります。

○ＳＤＧｓ未来都市への応募方法

２０２０年度ＳＤＧｓ未来都市及び自治体ＳＤＧｓモデル事業の募集内容を見てみましょう。次のような提案内容について書面を出して応募します。提案者は都道府県、市区町村で、共同提案も可とされています。提案には、第2期「まち・ひと・しごと創生総合戦略」、「ＳＤＧｓアクションプラン２０２０」及びコンセプトを踏まえて、以下の内容を記載した一式資料を提出します。

Ⅰ．全体計画（自治体全体でのＳＤＧｓの取組）
１　将来ビジョン
⑴地域の実態　⑵２０３０年のあるべき姿　⑶２０３０年のあるべき姿の実現に向けた優先的なゴール、ターゲット
２　自治体ＳＤＧｓの推進に資する取組
⑴自治体ＳＤＧｓの推進に資する取組　⑵情報発信　⑶普及展開性（自治体ＳＤＧｓモデル事業の普及展開を含む）
３　推進体制
⑴各種計画への反映　⑵行政体内部の執行体制　⑶ステークホルダーとの連携　⑷自律的好循環の形成へ向けた制度の構築等
Ⅱ．自治体ＳＤＧｓモデル事業（特に注力する先導的取組）
１　自治体ＳＤＧｓモデル事業での取組提案
⑴課題・目標設定と取組の概要　⑵三側面の取組　①経済面の取組　②社会面の取組　③環境

面の取組　⑶三側面をつなぐ統合的取組　（3―1）統合的取組の事業名（自治体SDGs補助金対象事業）（3―2）三側面をつなぐ統合的取組による相乗効果等（新たに創出される価値）⑷多様なステークホルダーとの連携　⑸自律的好循環の具体化に向けた事業の実施　⑹資金スキーム　⑺スケジュール

2020年度のスケジュールは、以下の通りでした。2020年2月18日〜3月2日に提案受付、各種評価、ヒアリング等を経て、5〜6月にSDGs未来都市等の選定、6月に自治体SDGs補助金交付申請、夏頃自治体SDGs補助金交付決定。

アンテナを高くして情報収集を！

この動きに乗れない自治体は、結果としてこれらのSDGsの効果を享受できず、もちろん予算措置などの恩恵にもあずかれないのです。それよりも「SDGs仲間」から外れていくことが最も怖いのではないでしょうか。その結果、情報が集まらなくなり、主流化しているSDGs政策から「置いて行かれる」危険性があります。

一刻も早く情報を収集し、自身の自治体の方針を立てる必要があります。参考になる情報を積極的に収集しましょう。注意深く見ていれば、数多くの機会があります。

セミナー・シンポジウムも、質の高い企画を選んで参加すると良いでしょう。ネットワーキングができるような企画の方が効果が高いです。

内閣府は2018年8月、「地方創生ＳＤＧｓ」のための官民連携プラットフォーム（会長＝北橋健治北九州市長）を発足させました（http://future-city.jp/platform/）。今後、幅広い関係者による地方創生につないでいくことができます。

また、2019年1月30日には、「ＳＤＧｓ日本モデル」宣言が採択された「ＳＤＧｓ全国フォーラム2019」が開催されました。これは、神奈川県が主導して、横浜市、鎌倉市との共催、他のＳＤＧｓ未来都市の協力も得て開催されたものです。この宣言は、全国93自治体の賛同を得て発表され、2020年2月5日現在、206自治体が賛同しています。

民間主導のフォーラムとしては、先にご紹介した、私が実行委員長を務める「未来まちづくりフォーラム」があります（詳しくは、miramachi.jp）。

スーパーシティ×ＳＤＧｓ

本書で強調しているように、今やＳＤＧｓは政策そのものです。その上、政策の主流を占めています。その象徴的政策のひとつが「まるごと未来都市」をつくる「スーパーシティ構想」で、スーパーシティ×ＳＤＧｓです。2020年6月にそれを裏付ける特区法の改正が行われました。

これについては、第1巻と、第3巻第7章で詳しく紹介しています。要すれば、最新のSociety5・0の次世代技術を規制緩和と組み合わせて地域に実装するものです。自治体の規模を問わず「困ったを解決する」という角度からの新たな手法がスーパーシティ構想です。その対応にもSDGsを理解することが必須です。スーパーシティは、課題が明確な地域において住民のコンセンサス形成が早くできるところほど実現が早いのではないかと期待されています。

SDGs推進でまちはこう変わる!

SDGsは、17の目標と169のターゲットという地球規模での課題が網羅されています。社会課題解決に関する発信ではどのような課題に、どう取り組むか、何を目標にするのか、といったストーリーが必要です。SDGsを使って発信すればそのストーリーテリングの質が上がると思います。

例えば、ICT技術の活用に当たっても市民のコンセンサス形成が必要な場合には、きちんとストーリーでわかりやすく説明することが重要です。

兵庫県加古川市では小学校の通学路や学校周辺を中心に見守りカメラを設置し子どもの安全や認知症のため行方不明となる恐れのある方の見守りに使われています（2017年度は通学路

や学校周辺を中心に900台、2018年度は公園周辺や駐輪場周辺、主要道路の交差点などを中心に575台の見守りカメラを設置)。個人情報保護等の観点もあり、住民に丁寧な説明を行い、住民の理解と協力を得て実現した仕組みです。日本初の官民連携見守りサービスとして、国土交通大臣賞を受賞しています。

SDGsの活用により、日本の隅々から新たなストーリーが生まれ、その中からLEGEND(伝説)が生まれることを期待したいと思います。また、世界への発信力も重要だと思います。首長のイニシアチブの下、関係者が一丸となって取り組めば未来まちづくりの次なる展望が見えてくると思います。SDGsという世界言語を使ってそれぞれの地域に合ったローカライズを的確に行えるかどうかは、自治体と関係者との連携にかかっています。

SDGsのローカライズと世界への発信：「世界に輝く静岡」の実現、静岡5大構想×SDGs

世界への発信力をねらっている事例をひとつご紹介しましょう。

静岡市は、歴史文化の拠点づくり、海洋文化の拠点づくり、教育文化の拠点づくり、「健康長寿のまち」の推進、「まちは劇場」の推進の「5大構想」にSDGsを組み込むことで「『世界に輝く静岡』の実現」の加速化をねらいます。田辺信宏市長を本部長とし、各局の局長級職員で構成する「静岡市創生・SDGs推進本部会議」を設置しています。

首都圏と中京圏との中間に位置する静岡市は、温暖な気候にも恵まれ、古くから東西交通の要衝として発展してきました。北には、3000m級の峰々が連なる南アルプスがそびえ、その裾野に広がる森林は、市域の76%を占め、清らかな水を育み、源流から河口までが市域内で完結する1級河川安倍川をはじめ、藁科川、興津川などの河川は、日本有数の清流を誇っています。

全国一の茶の集散地となっているほか、製造品出荷額約1・8兆円（2014年工業統計）、商業販売額約3・4兆円（2014年商業統計）と第1次産業から第3次産業まで、それぞれが大きな規模を誇りつつもバランスよく集積しています。茶やマグロに加え、サクラエビやプラモデルなどの静岡市独自の産業資源や、観光資源でもある、駿府城跡ほか徳川家康公所縁の社寺や世界文化遺産の構成資産である三保松原などの特徴的な文化資源、森林やユネ

田辺信宏市長（左）と
静岡市創生・SDGs推進本部会議での講演時に（2020年7月14日）

スコエコパークである南アルプスなど自然資源も具えています。

静岡市ＳＤＧｓ実施指針の策定に特色があります。ＳＤＧｓを意識した世界標準の市政運営に向け、市政への組込みでは、世界共通の「ものさし」であるＳＤＧｓを、静岡市第３次総合計画に組込み、市の政策を世界標準に引き上げます。ＳＤＧｓを自分事として捉え行動してもらうために、重点的な普及啓発を進め、これまでの成果として、ＳＤＧｓ市民認知度の向上（２０１７年10月時点で２%から、46%（２０２０年２月））が図られました。

また、静岡型水素タウンの実現を目指し、静岡市水素エネルギー利活用促進協議会を運営しています。燃料電池自動車を保有する企業と連携し、燃料電池自動車の高い給電能力と静音性を活かし、外部給電器を導入することで、水素エネルギーの普及拡大を図るとともに、防災力の強化も図ります。２０１９年度以降の具体的取り組みやスケジュールなどを盛り込んだ「第２期静岡市水素エネルギー利活用促進アクションプラン」を２０１８年度に策定しました。

Sustainable
Development
Goals

第4章

次のステージに進むためのヒント

自らの自治体でのSDGs導入をにらみ、次のステージを見据えたヒントを岩手県の「幸福を守り育てるSDGs」の取り組みを見ながら学びましょう。

次のステージにどう進めるか

自治体においてどのようにＳＤＧｓを推進していくか、その手順で重要なことは関係者間でのコンセンサス形成です。

このため様々な推進体制や協議会などを作っている自治体は多いと思いますが、その際に使う基本形は審議会ではないかと思います。このような場の使い方のイメージも持つために、実際に岩手県でＳＤＧｓを生かして県の総合計画を体系付けようとする審議会に招かれ講演・懇談した様子を再現します。

私は岩手県のＳＤＧｓについて総合的に考えを述べました。この中ではどのようにＳＤＧｓを市民に伝えていくかという視点からわかりやすく話しましたので自治体内での議論の仕方にも参考になると思います。これを実際に自治体の中でＳＤＧｓを推進するためのヒントにしていただければと思います。最後に載っている達増拓也・岩手県知事のまとめの発言も参考になります。

■「幸福を守り育てるＳＤＧｓ」――岩手県

はじめに

タイトルが「幸福を守り育てるＳＤＧｓ」という、まさにＳＤＧｓの本質を突くようなテーマ設定です。ＳＤＧｓにはいろいろな原則がありますが、やはり「誰ひとり取り残さない」という「包摂性」の原則、それを全世界で誓ったという点が大変重い、優れた考え方です。

世界中の誰ひとり取り残さないという設計のもとで、幾つか原則がありますが、私は大変よくできているなと思うのは、ベストプラクティスはできるだけみんなに広げていこうという「普遍性」です。「参画型」も大事な原則で、みんなの力を借りながらやろう、ということです。

それから、「統合性」、つまり、環境、社会のみならず、経済も回るようにしましょう、ということです。環境、社会を考え、経済的な展開もうまく回ることで、後に続くようにしていきたい、ということです。

以上のことを、「透明性」で発信する。発信すると「ここではこんな良いことをやっているのか」というのがわかって、「それなら私も応援したい」と仲間が増えることになります。

この普遍性、包摂性、参画型、統合性、透明性を織り込んで優れたスキームでまとめたのが、

2015年9月に国連サミットで決定した「持続可能な開発目標」です。その原典は、「我々の世界を変革する：持続可能な開発のための2030アジェンダ」というものです。ご承知のとおり、2013、14、15年と、世界中で大変な議論をした上で決まっただけのことがありまして、私も国際交渉を随分しましたが、本当によくできた設計で、それを岩手県が政策の中に反映していくということは、大変時宜を得ていると思います。

今日のテーマは、幸福と、これが続く持続可能性です。「世のため、人のため、自分のため」、こういうことは皆考えるのですが、それに加えて、「子孫のため」というのが大事であり、この「子孫のため」という世代軸を考える概念が「持続可能性」というものなのです。簡単に言えば、孫子（まごこ）の代に恥ずかしくないかという価値観です。

ご当地キャラで考える――わんこきょうだい

さて、私、「わんこきょうだい」という岩手県のキャラクターが大変気に入っています。「わんこきょうだい」には「そばっち」、「こくっち」、「とふっち」、「おもっち」、「うにっち」といるのですね。これが岩手に来るたびに面白くて、今日もホテルで食べた海苔にちゃんと「わんこきょうだい」が載っていたりして。ワールドカップまであと何日というのも「わんこきょうだい」が発信している。

こうした発信は皆様にもわかりやすいと思います。東京でも「わんこきょうだいのところに就職に来ないか」というアピールも目にすることがありますが、今は発信の時代です。

こうしたキャラクターの定義や中身をよく見ると、みんなストーリーがあるのです。

2018年12月に世界無形文化遺産として「来訪神」が認定されましたが、東北にはいっぱいありますね。岩手県では大船渡にスネカというものがある。有名なのはナマハゲですけれども。こういうものまで文化遺産に選ばれている。日本にはいいものがいっぱいあると世界が認める。日本人も、もっとアピールしていいのではないかと思うわけです。ここのところの日本の世界無形文化遺産の登録状況はすごいです。

2013年頃から、和食、手すき和紙に、祭り、そして今回の来訪神。来訪神は神様の格好をしてみんなのところに訪れて、「おまえら、元気でやっているか?」というようなことをやる、コミュニティの活性化と継続性の価値が評価されているのです。

大阪・関西万博

その少し前には、「EXPO2025 大阪・関西万博」が決まりました。政府は、前の大阪万博と違う広がりを持たせたいということで、「大阪・関西万博」と命名しました。皆さんは、これは何のために招致したかご存じですよね。日本政府は「SDGsの貢献に向けた万博にします」

ということで、他の国に勝って当選したのです。

実は、「国際」と名のつくものは全てＳＤＧｓで仕切られるようになりつつあります。ラグビーワールドカップも、インターナショナルなマインドで設計されます。調達のルール、運営のルール、全部国連が決めたＳＤＧｓの視点で決まります。

五輪も全部ＳＤＧｓです。ＩＯＣ（国際オリンピック委員会）もＳＤＧｓを実現する五輪・パラリンピック大会第1号にすると言っているわけで、政府も正式に「ＳＤＧｓ五輪」と言っています。

それはどういう意味でしょうか。最初に議論になったのはＳＤＧｓの魚のマーク（目標14）でした。このマークには「海の自然を育てよう」という意味があるのですが、選手とか関係者に配布する弁当の具材は「持続可能な魚ですか?」という議論からスタートしまして、持続可能な魚の認証ルールを水産庁が決めて、認証のない水産物は大会では使えませんということです。

水産物、畜産物、農産物、紙、パームオイルについて、特別な調達ルールを決めました。工業製品も全てＳＤＧｓのルールで、例えば原料調達の際には「紛争鉱物ではないという証明付きのレアメタルを使っていますか」、「人権侵害をしたようなものではないという証明はもらっていますか」というところまで審査されます。調達のルール、運営のルールに全てＳＤＧｓが関わってきます。

ですから、岩手県がＳＤＧｓを絡めて県の計画を作っているというのは、極めて先駆的だと思います。

CSVとESG

さて、私はこれまで人とも随分出会いまして、岩手県の皆さんとも出会いがあるのですが、今日は、ハーバード・ビジネス・スクールのマイケル・E・ポーター教授という人物を紹介します。

一橋大学大学院でポーター教授の名前にちなんだ「ポーター賞」というのを運営されているのですが、この方は大変私にインパクトを与えました。要すれば、「社会にも良いし、経済にも良い」、こういう両面作戦で企業は頑張るべきではないか、ということを打ち出しています。「共通価値創造」といいますが、社会課題にも対処する、そして自分のビジネスモデルの磨きに使う、この両面をねらうマインドでCSV（Creating Shared Value）を進めている。私はいい考えだなと思っています。

さて、もうひとつの流れが、企業は「ESG（環境・社会・ガバナンス）時代」になっているということです。環境と社会にきちんと対応しろというのは昔から言われていたのですが、これに加えて企業が規律をきちっとしていないとよくないということで、企業統治（ガバナンス）という概念が入ってきて、今は投資家がESGにきちんと対応している企業でなければ投資をしない、という方向性になってきています。

結（ゆい）と三方良し

横文字でESGだとか、CSVとかCSRとか申し上げましたが、実は日本人はそういうことを横文字で言うほどでもなく、こういう概念は昔から日本にあるものです。

これは、日本を代表する世界文化遺産、白川郷で見つけた合掌造りの写真（提供：岐阜県白川村）ですが、今百数十残っていますが、非常に大きな農家の家屋です。2階では養蚕を行っていました。家は大きく、数十年に1回ぐらい茅葺の屋根が腐ってくるので、みんなで葺き替え作業をします。この仕組みを「結（ゆい）」といいます。みんなで助け合ってずっと守ってきた。これが世界文化遺産に指定された理由でもあるわけです。

合掌造りの茅葺き屋根の葺き替え「結」

この飛騨の白川村から一山越えますと、近江です。近江商人には「自分良し、相手良し、世間良し」という三方良しという考えがありました。

この考えは現在にも生かせるものです。世間のところに今後は「県民の幸福ですよ」とか、「世界のことを考えるSDGsですよ」といった素地があるわけです。

しかし、「三方良し研究所」というのが彦根にありまして、そこで研究してみたら気になった点がありました。この「三方良し」という言葉と常に一緒に「陰徳善事」という言葉が出てくるのです。「徳といいことは隠す」、「わかる人にはわかる」、「空気を読め」。このマインドが色濃くあり、農村社会は同質社会でしたから、「我が我が」と言わなくても、ちゃんとお天道様は見ている、村の長も見ている、という時代背景の中でできた言葉です。

ただし、世界ではこれは通用しない。現代の日本でも若手が空気を読まなくなっていますので、もう本当に伝わらない。

「発信型三方良し」

例えば私が「昔は〝大きいことはいいことだ〟と言っていたのだよ」と話すと、「そんな時代があったのですか、大きいことがどうしていいのですか」と、全く話が通じないのです。「今の事項は大事なことだから、メモしておいてね」、「す

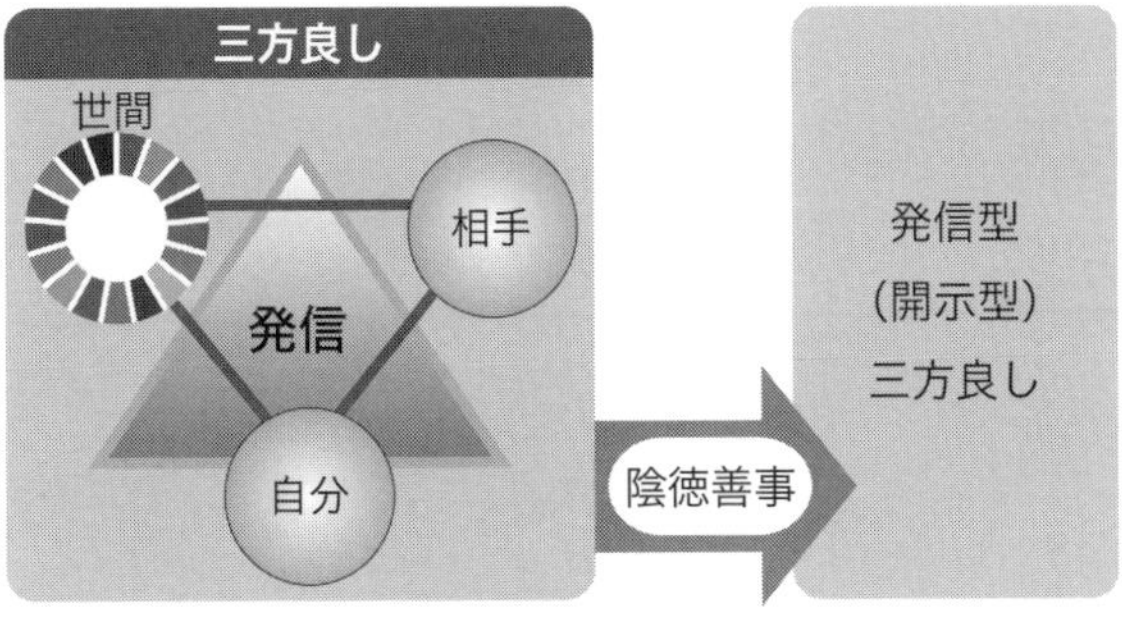

※筆者作成、SDGsロゴは国連広報センター

発信型三方良し

ぐに隣にも伝えた方がいいよ、ビジネスはスピードだから」と話しましたら、「ラインで送りました」と言うのです。「何で隣の人にラインで送るのだ」と言ったら「その方が早いし、正確ですから」と。こういう若手をミレニアル世代といいます。

デジタルネイティブですね。2000年のミレニアムに成人になった方々のことで、Ｆａｃｅｂｏｏｋのザッカーバーグさんが代表的です。このミレニアル世代やその後のポストミレニアル世代には「わかるだろう」ということが全く通じないのです。

ですから、組織の中では伝える手立てが必要だということで、私としては「三方良し」に「発信」をつけましょうと。「発信型三方良し」にすれば、「三方良し」が生きてきます。そうすれば、先ほどのマイケル・ポーターの言うＣＳＶとか、これからお話するＳＤＧｓまで全部「三方良し」に通じる、ただし発信がない「三方良し」では、これからは厳しい、世界ではとても戦えない、こういう構造になってきます。

2015年はESG元年

さて、ＥＳＧに投資を振り向けましょうという動きは、2006年頃から始まりましたが、一気に世界に伝わり、一方で日本は遅れていました。

これを少しデータ的に見ていきますと、ＥＳＧ投資額は現在全世界で30・7兆ドルと言われています。3300兆円ぐらいの大きな額がESGに対処している企業に投資されている。その半分がヨーロッパ、3分の1がアメリカ、日本は7%にすぎない（2018年GSIA調査）。

そういうESGマインドを持たせなければいけないということで、政府が2つの仕組みを作りました。ひとつは「スチュワードシップ・コード」という、投資家の皆さんにESGをチェックしてもらいましょうという仕組みです。もうひとつ、事業会社に対しては「コーポレートガバナンス・コード」というのを作りました。これは持続可能性に関して役員会で決定しなければいけない、というようなことや、取締役会の構成はダイバーシティーを確保したものにしなければいけない、というようなことを定めています。

そして、2014年の日本再興戦略において、ESGへしっかり対処しようと決めたことにより、今は相当に企業の中で定着してきています。

その流れの中で2015年のパリ協定、それから先ほどから説明しているSDGs、コーポレートガバナンス・コード、これでESGに関する規律が全部ビルトインされたのが2015年。私が伊藤園でずっといろんなことをやってきて、本当に次から次へと重要な事が決まったなと、「ESG元年」になったのだなと思っていたのがこの年でした。

その後、2016、17、18、19年と、ますます深まりまして、先ほど言いましたように五輪にぎりぎり間に合って、SDGsで仕切られる五輪、SDGsをテーマにしている万博、そしてS

ＤＧｓの目標である２０３０年に突き抜けていく。こういうタイムラインをしっかり頭に置かなければいけない時期になりました。

ＳＤＧｓの本質とは

岩手県はＳＤＧｓを先取って計画に入れ込んでいますね。岩手県の場合は２０２８年を目標にされているようですが、遠くを見据えて計画を作るということになっているわけです。

さて、このＳＤＧｓについて私なりに少し解説をしたいと思います。皆様の前で解説するのも釈迦に説法のようなものですが、正直なところ言葉が少し硬いですよね。これから皆さんは、県民にどんどんＳＤＧｓをお伝えをしなければいけない。

私も役員会ですとか企業のいろんな現場で説明をしますけれども、なかなか日本人の頭には入りにくい言葉のようで、その原因を考えつつ動いていますが、まず訳語が「持続可能な開発目標」となっている点。「開発」という訳が、開発途上国を思わせるイメージになったりして、「我が社は国内でやっていますから、あまり関係ないのでは」と思われたりするのです。

ですから、これは少なくとも「発展」と捉えて、「持続可能に発展する目標」だと捉えれば、みんなのこととしてわかりやすいのではないかと。

それをさらに意訳しまして、「世界の共通言語ですよ」、「明日のことを考える世界の皆さんの共通言語です」というぐらいに捉えていただいて、県民の皆さんにもみんな関係あります、ということにしていただけると良いのではないかと思います。

そして、ＳＤＧｓについては、国連の１９３か国全員同意したというのは非常に珍しい、大変なパワーだと思います。先進国も途上国もやることになりました。政府、自治体はもちろん、企業もＮＰＯも大学も全員でやります。ただし、自主的にやりますよと。何かやれと言われてやるものではなく、やれる人がやれるところから一刻も早くお願いしますという形です。

つまり、ルールの立て方が変わったのです。何かルールを決めて、みんなでやらなければいけないというものではなくて、やれる人がやれるところからやってほしいと。これは意外に日本には馴染みのないルールメークで、ヨーロッパ型です。

「全部決めてちゃんと報告書を出してきちっとしないとまずいぞ」というのではなくて、「あなたのアイデアでやれるところから着手してください」と。こういうルールメークはヨーロッパ人は結構慣れているのですが、日本では案外慣れていないかもしれないということです。

でも、これはかえって怖いことで、やれる人がやれるところからやるということは、やる人はどんどんやりますし、やらない人はどんどん遅れていきます。はっと気がついたら、いつの間にそうなったのだという、「置いていかれる」というルールなのです。

これは世界で動いていますから、ヨーロッパに置いていかれる、アメリカに置いていかれる、日本の中でも置いていかれる、ということになりかねない。こういうルールを「ソフトロー」というのです。ハードローというのは、何かやらなければいけないという義務的なもの。一方、ソフトローは、がちがちの法律ではないけれども、やれる人からやってください、というものです。

SDGsの17個の目標

よく「SDGsの17個の目標とこのバッジの関係は?」ということを聞かれますが、バッジは17色からできています。

また、「『SDG』の後に、小さな『s』は必要ですか」と聞かれることもある。私はどっちでもいいと言っています。あってもなくてもいいのです。でも、複数形だということをしっかりアピールしたいので、通常は「SDGs」(エス・ディー・ジーズ)と言っています。

こういうトリビアに落ち込むぐらい、ややこしい感が漂っているのが良くないと思うので、皆さんからは是非わかりやすく発信していただきたい。

この目標の1番目「貧困をなくそう」から説明すると、もっとわかりにくい。「貧困をなくそう」という目標ですが、企業では「うちはちゃんと給料を払っているから心配ない」という議論になってしまうのです。これは目標の表現を短くし過ぎたのが要因です。「貧困をなくそう」というのは、全ての人の経済状況を改善して、人間らしい生活をするという流れがあるのですが、ピクトグラム（絵）にしたときに短くし過ぎてしまったのです。貧困の撲滅というのは、日本では「相対的貧困」というのが重要な要素に入っていますので、「貧困格差の是正」という要素も含まれます。

2番の「飢餓の撲滅」、これも狭い。ここで重要なのは、「持続可能な農業をして世界中の皆さんがちゃんと食べられる」ということや、「栄養の改善を進める」という要素が入っています。

3番の「健康」これは大体わかるかなと思ったら、この間日本を代表するタイヤメーカーの方が、「我が社も3番をやります」と言っていました。「ついにこのタイヤメーカーはヘルスケアに進出か？」と思ってよく聞いてみたら、「3・6をやります」と言っていました。

これは、実は17個の目標に加えて各目標に10個程度の「ターゲット」という、合計169のやるべきことリストのキーワード集が定まっています。そのキーワード集は小数点で示され、これを見ますと、「3・6」のところに「交通事故死を半減させる」というのが入っていまして、それでタイヤメーカーさんは頑張ると。SDGs、これは結構奥が深いな、と感じました。

4番目が「質の高い教育をみんなに」。この「教育」も狭い。これは学校教育だけをイメージしてしまうのですが、実は今日のこういう場も含めて、学びの場となるものは全部「教育」に入ります。

ですから、皆さんや、大学はもちろんですが、NPOが主催していろんな勉強会をやったりします。これも全部教育に入りまして、会社の中の社内研修ももちろん入ります。また、これらの教育は、「質が高く」なければいけない。なぜかというと、世の中難しいので、しっかりと刺さるように勉強しないといけないということで、質の高い教育となっている。

5番目の「ジェンダーの平等」、これは日本では大体「女性活躍の推進」というテーマになっています。でも、途上国に行きますと、「女の子の虐待は許さないぞ」というのが強烈なペナルティーとして入っています。

要すれば、SDGsはチャンスでもあり、リスクでもある、両方洗い出されているわけでありますす。女の子の虐待は許さない、日本ではそんなことはありませんからと。でも、「あなたの製品の部品はどこから入手していますか」、「そこの調達先の工場で女の子の虐待とか、収穫のときの不法労働はありませんか」、「ちゃんと証明書を取っていますか」という、そういう事項でありまして、「そこまでやっていないと危ないです、すぐに対処してください」というようなリスク要素も入っています。そして、6番の「水とトイレ」です。7番の「エネルギー」、8番の「働き方改革と経済成長」、そして、9番が、これは日本の製造企業全てに関係がある「産業と技術革新」。そして、10番の「不平等」をなくして、11番の「住み続けられるまちづくり」、これは多分地方創生ではど真ん中の要素になると思います。

続いて、12番が「つくる責任、使う責任」、つまりリサイクル。続いて13番の「気候変動」があって、14番の「海の豊かさを守ろう」、15番の「陸の豊かさも守ろう」があります。

これに加えて、16番の「平和と公正を全ての人に」と17番の「パートナーシップ」が続きます。

これら17個を横に並べてもなかなか多くて頭に入りにくい。

5つのPで理解する

これは、どうしてこの17個が目標になったのか、原点にさかのぼってみるとわかりやすいので、ご紹介します。

実は、2013～15年の国連での議論で、地球は「5つのP」が危機だという話になりました。まず、「People（ピープル）」、つまり人間が危ない、先進国も途上国も元気がないと。2番目が「Prosperity（プロスペリティ）」、つまり繁栄は大丈夫か。3番目が「Planet（プラネット）」、つまり地球環境、そして、「Peace（ピース）」、「Partnership（パートナーシップ）」。全部危機に瀕している。一刻も早くそれぞれに手を打たないといけないということで、みんなで項目を洗い出してみました。

まず、「人間」で洗い出されたのは、必須3要素ですね。所得があって、食べることができて、健康だ。加えて、そのことをみんな学んで、男性も女性も頑張って、世界的には水とトイレが必要だということです。トイレについては、例えば日本の場合もトイレの不備があります。中山間地域などでのトイレ対策については私も農水省で担当しましたが、そういうことも含めて水とトイレ。途上国でもトイレは衛生上非常によくないという場合もあるので、トイレ技術ということも入ってきます。

これらに関しては、ＳＤＧｓの前に「ＭＤＧｓ（エムディージーズ、ミレニアム開発目標）」という途上国を主眼にした計画がありましたが、その頃からずっとある6要素です。

しかし、よく考えたら先進国でも同じ課題があるではないかということになって、ＳＤＧｓでは、先進国も途上国も対象として普遍的なものにすることになった結果、2番目のPとして「繁栄」が入りました。その一丁目一番地が「エネルギー」

出典：国際連合広報局の図版を元に筆者作成

SDGsのもうひとつの捉え方─5つのP

です。

これは、再生可能エネルギーのようなエネルギー転換をしましょうということも含めていますが、途上国では無電化地帯の解消です。そして、働き方改革と経済成長が8番目。9番が産業と技術革新、10番が不平等の撲滅、11番の住み続けられるまちづくり、これが繁栄の5要素です。

地球環境（Ｐｌａｎｅｔ）は、「つくる責任、使う責任」でリサイクル、例えば現在、廃プラスチックが非常に話題になっていますが、そういう部分も含めて、食品ロスなど、これらは全部12番ですね。そして、気候変動に対処して、お魚を守って、森を守る。恐らく岩手県にとっては、これらの環境要素は非常に重要なものばかりだと思います。

そして、これらは平和が壊れたら一発アウトだ、ということで、「平和」。この平和のところには公正性というのが入っていまして、ルールを守る、それから汚職の防止というのが入ります。

以上のことを「パートナーシップ」（Ｐａｒｔｎｅｒｓｈｉｐ）で対応しましょうとなっています。復習的に整理しますと、1から6までが「人間」、その次の5つが「繁栄」、4つが「地球環境」、1つが「平和」、1つが「パートナーシップ」と、非常にうまくストーリーとしてでき上がっているのです。

私はこのＳＤＧｓを盛り込んだ２０３０アジェンダという国連文書は、１９８７年の「Our

Common Future（我々の共有の未来）」という国連の有名な文書がありますが、これと同じか、それ以上にずっと長く踏襲されていく文書になるのではないかなと思っています。私は国際交渉で文書の起草など、いろいろやりましたけれども、今回は相当よくできている。ストーリーが回っているという感じがします。

まちづくりにおけるSDGsのイメージ

フランスのモン・サン＝ミシェル

私は農水省時代に研修でフランスに留学した経験があります。パリから300キロくらい西にモン・サン＝ミシェルという世界文化遺産がありまして、小さな島であり巡礼の地です。海の干潮と満潮があり、昔は命がけで渡ったところなのです。

今はライトアップされた夜景も美しいので、泊まりがけでもう一回行きたいと思って行きました。この島の入り口にレストランがありまして、このレストランは、命がけで巡礼に来た人たちに胃に優しいものを、ということを考えに考えて、でき上がったのは「わんこそば」ではなくて、「オムレツ」ができたんですね。

わんこそばにも多分ストーリーがあるのだと思います。一生懸命食べていただこうというストーリーがあってできたのではないかと。このオムレツにもストーリーがあります。

実は、このオムレツ、すごく高いのです。これは単品では売りませんので、エビとかカキとか、セットで5000円くらいしますが、それでもみんな列をなして食べるのです。

良いものは高い。高くても、どうしても食べたくなる。これが大事でありまして、わんこそばが幾らか私知りませんが、全然高いと思わないです。あんなに面白い体験をさせていただいて、こんなにお椀を積み上げて写真撮って。そばを食べていると思うからだめなのであって、おもてなしを受けているという感じでとらえれば、このオムレツと同じような感じです。フランス人はそういうところがしっかりしていますね。ビジネスをきちっと持続可能に続けていく力があります。

実は、本当の訪問目的はオムレツではなかったのです。今は車を島の手前に置いて電気自動車で橋を渡っていきます。昔行ったときは、島に続く道路を作ってしまっていたので、潮が滞留してドロドロの海になっていたのです。「世界遺産の周りの海がこんなドロドロで恥ずかしい」ということで、大変な予算をかけて橋を作りました。おかげで、水の流れが戻りましたので、生物多様性も戻って、水鳥の視察ツアーも、

モン・サン＝ミシェルの電気自動車

エコツーリズムもあります。

ここで学ぶべきことはいっぱいありました。歴史・伝統と最新技術、利用と保全。300万人もの観光客が来ますから、利用と保全は重要です。そして、人と自然。こういう対立しそうなことをどうまとめていくか、ということが大事です。

これをSDGsに当てはめると、もっと簡単に理解することができます。まず海をきれいにしましたというので、14番あたりがぱっと出てきます。そして、住み続けられるコミュニティづくりと世界文化遺産の保全は11番。これを最新の技術でやりましたので、9番。文化遺産を通じて学ぶというのは4番です。質の高い教育に役立つ文化遺産を守る。そして、以上のことをみんなのコンセンサス形成の上で対応しましたという17番。こういう見せ方をすれば、なるほど、そういうことでしたかとわかりやすくなるのではないかと思います。

世界文化遺産の富士山

こうした事例は日本の文化遺産にもあります。それは「富士山：信仰の対象と芸術の源泉」です。この文化遺産には「三保の松原」も入れたことに意味があります。信仰の対象、つまり、みんなの心の富士山。そして芸術の源泉です。白砂青松、海の向こうに浮かぶ富士山、良いですよね。私も行きまして、周りにほとんど言葉が通じる人がいないので、自分で自撮りして写真を確認していたら、変なことに気がついたのです。「何だ、これは」という物体がありまして、消波ブロックが映り込んでいたのですね。

もちろん防災上の観点は必要だけれども、芸術の源泉たる場所がこれでは残念だな、と思って、仕方ないのでマグロでも食べて帰ろうとビジターセンターへ行きましたら、何と消波ブロックの撤去作戦実行中との情報が張られていました。最新のL字突堤技術で同じ消波機能を確保しながら、消波ブロックはまもなく撤去されることになりました。おかげで三保の松原の羽衣伝説も浮世絵のような世界も守られました。

これをＳＤＧｓに当てはめるとこんな感じになりますね。森を守り、海を守って、世界文化遺産とコミュニティを保全する。これを技術力で対処する。そして、みんなの協力で取り組む、と。これでパリのモン・サン＝ミシェルとほぼ同じような構造ですねという説明ができます。このように日本はいろんなことに配慮して動いているのですよ、という説明ができる。このような説明に際して共通言語であるＳＤＧｓは非常にわかりやすく伝えることに役立つツールではないかと思います。

三保の松原

企業とＳＤＧｓ

企業のサイドでは、例えば経団連は会員企業でＳＤＧｓを絡めてあらゆることをやりますよと見せていますし、投資家との関係ではＧＰＩＦ（年金積立金管理運用独立行政法人）という皆さんの年金を預かっている機関がホームページで投資家はしっかりＥＳＧを見ますとしています。その際に事業会社がＳＤＧｓにどう取り組んでいるかを投資の際の考慮事項にしますということですので、今や本当にＳＤＧｓが経営においても重要になってきました。

企業から見ると、このＳＤＧｓの17の目標はチャンスにつながります。「あなたの企業は、何ができますか」、「あなたの企業はどこが特徴ですか」というチャンスにつながります。一方、リスクもありますので、リスクの回避ができているかを確認するのも重要です。チャンスとリスク両面で見てほしいというのがＳＤＧｓの心です。

これらの心をうまく生かして、表彰を受けた事例を少しご紹介するとイメージも湧くと思います。

ジャパンＳＤＧｓアワード

政府は全閣僚で構成されるＳＤＧｓ推進本部を設置し、２０１７年12月に「第1回ジャパンＳ

ＤＧｓアワード」を実施して、12団体が表彰されました。私が勤務していた伊藤園もパートナーシップ賞（特別賞）を取らせていただきましたが、自治体としては北海道の下川町や北九州市が選ばれています。下川町はバイオマス発電の取り組みで、おそらく岩手県でも応用できる取り組みではないかと思います。

２０１８年の2回目表彰では、鹿児島県の大崎町というローカルなところも、非常にいい取り組みだということで認められました。

伊藤園の事例が非常にわかりやすいので解説します。調達―製造―販売の流れを「バリューチェーン」といいますが、調達の段階では茶産地の応援をして、これは2番ですね。茶殻のリサイクルをしていますのは12番です。「お～いお茶新俳句大賞」は4番の教育に関係しますよ、というようなことを、マッピングして当てはめています。

皆様の組織でも、およそ全ての活動にＳＤＧｓの目標が該当してくるのではないかと思います。その中でも代表的なものを選んでアピールをするようなイメージですね。

特に茶産地の育成事業は耕作放棄地も活用して、行政、農家と協力して大規模茶園にします。農家から全量買い上げするので、農家の経営安定につながり、伊藤園にとっては安定調達になる。この構造は、経済にもいいし、社会にもいいという共通価値が生まれています。このことを英語で発信していますと、２０１６年9月に「世界を変える企業50選」、フォーチュンというアメリカのビジネス誌の特集で18位に選ばれたりしました。

最近はこれにSDGsをあてはめ、技術革新をしています（9番）とか、雇用も生まれています（8番）とか、農業なので2番ですと、環境保全もしていますと、こう見せると非常にわかりやすくなっています。企業としては企業価値をアピールするために使えるようになっています。

「いわて県民計画　2019～2028」

さて、「いわて県民計画　2019～2028」を読むと、幸福と持続可能性という、本当に最も大事なところに取り組んでおられます。

それで今日の審議会のために出た記事なのかどうかわかりませんが、岩手日報に「県民幸福度52・3％、4年連続増」とありました。4年連続であり、この経過を見ると県民が幸福を感じるデータがぐっと上がってきていて、そうでもないと思う人を上回ったと、こういうデータ的に整理をされている点は素晴らしいと思います。

先ほどいただいた資料の「いわて　Walker」という広報誌は雑誌みたいですよね。その表紙には、「あまちゃん」の主演女優として有名な能年玲奈さん（今は、のんさん）が載っています。その私、ロケ地だった久慈市まで行きました。この「いわて　Walker」は見れば見るほどすごい内容です。「住んでください、来てみてください」という要素が多く、とにかく情報満載ですね。こういうわかりやすさは大事です。こういう雑誌による情報は、さっきのミレニアル、ポストミレニアル世代にはすぐに伝わりますよね。

こういう広報発信力が非常に素晴らしい中で、この発信をするためには実態である「根っこ」がないとだめなのです。きちんとした県民計画があって、それを発信する。この県民計画が素晴らしくできていて、幸福と持続可能性をシンクロさせている。

実はＳＤＧｓの17目標の中に、よく見ても明示的に「幸福」と書いていないのです。そのような場合には、皆さんが「幸福」と入れていけばいいのです。17目標では足りない、ぜひ18番に「幸福」を入れてもらいたいという提案をしていっても良いのではないかと思います。

ＳＤＧｓというのは「天から降ってきたもの」ではなく、自分たちで使い込んでいって、ちょっと足りない感じがあるなとか、これは追加すべきだなど、補完して良いものと思います。

規定演技と自由演技

ＳＤＧｓの17の目標、１６９のターゲットをチェックしていくと、岩手県の県民計画に全部の目標が当てはまるのは当たり前のことです。ＳＤＧｓというのは、「規定演技」のようなものです。１９３か国みんなでまとめた、ある程度の平均値ですので、日本がそれを上回っていないわけがない。

目標は、全部当てはまると思いますが、では岩手がやっていることが世界にも伝わる形でできているでしょうかという問題があります。もう少し「世界の岩手」ということを伝えていくにはどうするかという角度でSDGsを使ってみるのです。

この意味で、SDGsの17の目標と169のターゲットを改めてチェックしてみると、ひょっとしたら、ここは弱いなとか、もうちょっと補強した方がいいなという項目があるかもしれない。例えば、これからインバウンドの皆さんもどんどん来たり、外国人雇用者も増えます。そういう方々とのコミュニケーションには、新たな視点も必要なので、チャンス面だけではなくて、リスク面でのチェックも強化をする必要があると思います。

県民計画を見せていただくと、SDGsを「飲み込んだ」感じで入っていましたし、もう既に重点項目も決まっていました。私なりに県民計画にSDGsを当てはめるとどうなるか、というのをちょっとやってみました。健康とか余暇、みんなで健康寿命。これは貧困の撲滅で経済活動を是正して、「誰ひとり取り残さない」経済状況に持っていくということが感じられます。

健康ですから、3番。そして、家族、子育てのところが女性活躍の促進で、5番。教育のところは4番。そして、職住環境とかコミュニティづくりとかは11番ですね。安全で、農業とかいろんなことも、産業を起こそうというのは2番。働き方改革をちゃんとやろうというのは8番。

「いわて県民計画（2019 ～ 2028）」長期ビジョンの構成

第 1 章 理念	県民一人ひとりがお互いに支え合いながら、幸福を追求していくことができる地域社会の実現を目指し、幸福を守り育てるための取組を進める みんなで行動 ／ 社会的包摂の観点（ソーシャル・インクルージョン）
第 2 章 岩手は今	現状認識・展望 世界・日本・岩手の変化と展望、岩手の可能性（強み・弱み等）
第 3 章 基本目標	**東日本大震災津波の経験に基づき、引き続き復興に取り組みながら、お互いに幸福を守り育てる希望郷いわて**
第 4 章 復興推進の基本方向	復興の目指す姿 いのちを守り　海と大地と共に生きる　ふるさと岩手・三陸の創造 復興の推進に当たって重視する視点 参画 ／ 交流 ／ 連携 「より良い復興～4本の柱～」と取組方向 ❶安全の確保 ／ ❷暮らしの再建 ／ ❸なりわいの再生 ／ ❹未来のための伝承・発信
第 5 章 政策推進の基本方向	10 の政策分野 ❶健康・余暇 ／ ❷家族・子育て ／ ❸教育 ／ ❹居住環境・コミュニティ ／ ❺安全 ／ ❻仕事・収入 ／ ❼歴史・文化 ／ ❽自然環境 ❾社会基盤 ❿参画
第 6 章 新しい時代を切り拓くプロジェクト	11 のプロジェクト ❶ＩＬＣプロジェクト ／ ❷北上川バレープロジェクト ／ ❸三陸防災復興ゾーンプロジェクト ❹北いわて産業・社会革新ゾーンプロジェクト ／ ❺活力ある小集落実現プロジェクト ❻農林水産業高度化推進プロジェクト ／ ❼健幸づくりプロジェクト ❽学びの改革プロジェクト ／ ❾文化・スポーツレガシープロジェクト ❿水素利活用推進プロジェクト ／ ⓫人交密度向上プロジェクト
第 7 章 地域振興の展開方向	4広域振興圏の振興 県　央 ／ 県　南 ／ 沿　岸 ／ 県　北 県北・沿岸圏域及び過疎地域等の振興 広域振興圏や県の区域を越えた広域的な連携の強化
第 8 章 行政経営の基本姿勢	「4本の柱」と取組方向 ❶地域意識に根ざした県民本位の行政経営の推進 ❷高度な行政経営を支える職員の能力向上 ❸効率的な業務遂行やワーク・ライフ・バランスに配慮した職場環境の実現 ❹戦略的で実効性のあるマネジメント改革の推進

歴史、文化は4番。環境系は全部ありますね。この辺が結構大事で、社会基盤のインフラ整備とかは9番、そういうことをちゃんとやりましょうというのも入っていますし、公正性は16番です。やはりいろんな方々の包摂性といいますか、誰ひとり取り残さないスキームで公正な社会にしましょう、不平等のない社会にしましょうというのももちろん入っています。そして、以上のことをみんなでやろうとなっていますので、17番。

こういう意味で、岩手県の県民計画にＳＤＧｓを当てはめれば全部当てはまる。それで、この中からさらに重点のところをアピールしていくために、例えば、今日は子育ての会合を展開しますよ、子育てのセクションですよというときは、できれば5番とか8番とかをより主軸に説明する。すると、5番とか8番の重点を掲げている企業とか関係者とかが、是非一緒にやりたいのですと集まってきますし、まちづくり系の11番をテーマにすればまちづくり系の企業とか関係者が集まります。

三陸復興については、11番の中に「レジリエントなまちづくり」というのもありまして、災害とかいろんなことに対してしなやかに対処できるレジリエンシーという概念がしっかり入っていますので、例えばそういうところをクローズアップすると良いと思います。

各自治体でもいろいろＳＤＧｓに関する計画を作っていますので、自治体によってこれからは個性が出てくると思います。規定演技が終わったら「自由演技」として岩手県としては何をアピールするか、「幸福」というところをどこで表していくか、そういうイメージで私は捉えています。

世界に通用するＳＤＧｓ

さて、相次ぐ文化遺産登録もあり、五輪もあり、ＩＣＴの進化もあって、「クールジャパン」の日本のよさを徹底的に「インバウンド」にも伝えて「レガシー」創りをする時代に入りました。ＳＤＧｓの重点は３つです。「最新技術を使う」、「地方創生で使う」、「次世代育成と女性活躍を推進する」。これによってＳＤＧｓ先進国を目指すというのが政府の方針であり、岩手県はそのままずばりのことを全部やっておられると思いますので、これからどのように具体化して深掘りしていくか、そういう時期に入ると思います。

最後に、先ほど示した白川郷の写真を改めて紹介します。英語のうまい人でも、なかなか「結」の仕組みは伝わりにくい。でも、ＳＤＧｓを使えば一発で伝わるのです。先日国際会議で、この写真に17番のマークをつけて見せた途端に「オー、ワンダフル」となって、17番の「パートナーシップ」というのがしっかり伝わりました。我が国にも類似の事がありますと言って伝わる。このような効果のある共通言語を使わない手はないのです。

知事をはじめ皆さんが発信性を非常に大事にされていらっしゃって素晴らしいと思いますので

で、次回私が来るときには「笹谷さん、その取り組みはもう古いですよ、我々はもっと先を行っています」といったことになることを期待しています。

以上、私からのお話を終わります。

達増知事のご挨拶

（質疑応答後）

○達増知事　令和元年度の岩手県総合計画審議会、ありがとうございました。
笹谷先生には、「もうやるしかないな」という感じのことをお話しいただいて、ありがとうございます。

国連ができてから、国連ではいろんなことを世界に呼びかけてきたわけですけれども、SDGsは圧倒的に最高傑作と言っていいのではないでしょうか。これだけ広く浸透したものはないのではないかと思います。過去には開発とか、環境とか、人権とか、それぞれ個別に呼びかけたり、あと今年は国際児童年だとか、国際コミュニケーション年だとか、児童年にはゴダイゴが「ビューティフル・ネーム」を歌ったり、コミュニケーション年にはYMOが「以心電信」を歌ったりとかありましたけれども、SDGsは本当に包括的であるがゆえに、世界、人類、個人的にも誰でも、「水を無駄に使わないようにしよう」とか、今すぐにでも実践できるということで、ものすごく浸透力があって、個人を基盤にしながら地域、企業、団体等々が取り組むことができ、国家として、国として取り組むこともできるのですけれども、伝統的には国際社会は国家が基本的構成要素だったわけですけれども、このSDGsに取り組む時には、国というのも「ワン・オブ・ゼム」というか、「ワン・オブ・アス」というか、国以外の主体も大いに活躍できるというところがすごいので、そういう様々な主体が自由に動き回る中で、県としても自由に動き回ることができていいのではないかなと思っております。

この1から17の目標について、県民計画にも大体対応しながら、それぞれ高めていく、それぞれを発展させることが幸福度を高めていくことにつながっていくと思うのですけれども、特に17番の「パートナーシップ」というのがやっぱり決め手かなと。様々な主体、どれだけパートナーシップで目標を達成するということができるかどうかが幸福を決定する最大の要素みたいな。これは個人でもどれだけパートナーシップできるかが、その人がどれだけ幸福になれるかの決め手という感じもしますし、県としても企業とのパートナーシップとか、団体とのパートナーシップとか、外国の皆さんとのパートナーシップとかを県としてどれだけできるかが県民の幸福度につながっていくのではないかなとも考えました。

県といたしましても、やはりもうここまで来れば県民計画をSDGs的にちゃんと翻訳しましょう。「英語で何と言うか」ということと同じようなものだと思うので、それにSDGsで言えばこうだみたいに県民計画を翻訳しておけば、関心のある人に説明できる、関心がある人に聞かれて答えられるようにしておけば良いのだと思うのです。普段は日本語で話す、県民計画の言葉で県民とともにまず進んでいくのが基本なのですけれども、ＳＤＧｓで語ろうと思えばそれを語れるようにしておけば良いのかなと思います。

一方、自分なりに今ＳＤＧｓで言えば、と思いながら考えていたら、例えば14番の「海洋資源」について、県民計画の方も漁業振興、水産振興のようなことはちゃんと書いてあるのですが、ＳＤＧｓ目線になると持続可能な開発のために海洋、海洋資源を保全し、持続可能な形で利用すると、まず保全から入るという発想は、県民計画以上にやっぱり保全ということを重視しているなというところに気づかされるものがあり、ＳＤＧｓの視点でいわて県民計画を見直すことで、もう少し県民計画をよくできるのではないか、県民計画の言葉は変えないにしても、取り組みとしてよりよいものにしていけるのではないかということができるので、そういう意味でも、ＳＤＧｓで説明できるようにしておくということは意義があるなと思いました。

17の目標から、さらに１６９のターゲットにまで落とし込むと、ほぼ県民計画の政策項目に大体一致するようにできていますので、そういう感じで対外的にアピールすると、国際的にも、あるいは企業、団体等にも自慢できる計画だと思うので、そうしていきたいと思います。

本日は誠にありがとうございました。

第89回岩手県総合計画審議会　議事録（公表）より抜粋（一部読みやすくするため改変）
開催日時　2019年6月6日（木曜日）
※この内容は岩手県のホームページにも収録されています。
https://www.pref.iwate.jp/_res/projects/default_project/_page_/001/021/172/89_giziroku.pdf

おわりに

ＳＤＧｓは世界の共通言語ですが、地域、地域には個性があります。したがって、ＳＤＧｓをツールとして使う場合にはローカライズが必要です。それぞれの地域にマッチングしたローカライズされたＳＤＧｓの集合体が、日本のＳＤＧｓになり、そして世界のＳＤＧｓに貢献していくのです。

その意味でローカライゼーションが極めて重要ですが、それには地域ごとの自主性と地域の知恵とアイデアが必要なのです。鯖江市、静岡市や岩手県の事例はローカライズの大変良い事例になると思います。

日本にはこのように素晴らしい事例が数多くあります。それをＳＤＧｓ化することでより一層、日本全国に、そして世界に伝わるものになっていきます。発信すれば必ずリアクションが起こります。そのリアクションから新たなアイデアが生まれイノベーションが起こるのです。このような変革につないでいくことがＳＤＧｓの妙味です。

ＳＤＧｓを盛り込んだ国連文書は、「我々の世界を変革する：持続可能な開発のための２０３０アジェンダ」というタイトルです。このタイトルの通り変革が生まれることがまさにＳ

DGsの重要な効果です。ぜひ、皆様の自治体でも自分自身のSDGsの実装を始め、発信していただきたいと思います。

この第2巻でSDGsは意外に身近なものである、すぐにも自身の自治体でもやってみようという感じを持っていただければ幸いです。そして、続く第3巻では、様々な角度から取り組んでいる事例を私なりの解釈を交えて紹介していきたいと思います。この3巻セットで、「理解」「実践」「応用」につながれば幸いです。

令和2年10月

千葉商科大学基盤教育機構・教授　笹谷　秀光

謝辞

本書は、編集いただいた株式会社ぎょうせいの出版企画部企画課、小山由香氏、板倉実菜美氏、越智大介氏をはじめ、関係者の皆様の企画から始まりました。小山氏には、未来まちづくりフォーラムの私の基調講演も聞いていただき、自治体ＳＤＧｓをテーマにした3ステップという企画になりました。同社の皆様に心より感謝申し上げます。

また、内容を確認いただいた自治体・企業の関係者等及び資料収集に協力いただいたＪＦＥスチール・伊藤園ＯＢの内野和博氏に心より感謝いたします。

本書は、全て筆者の個人的見解に基づくものです。本書では、『協創力が稼ぐ時代―ビジネス思考の日本創生・地方創生』（ウィズワークス・２０１５年）で扱った事例のその後の展開にも触れています。また、オルタナ、環境新聞、Ａｇｒｉｏなど私が連載や投稿をしている記事のほか、博展が運営する「サステナブル・ブランド ジャパン」のサイトでの対談記事も活用させていただきました。

企業のＳＤＧｓ経営関連では、『Ｑ＆Ａ ＳＤＧｓ経営』（日本経済新聞出版・２０１９年10月）及び『ＳＤＧｓ見るだけノート』（筆者による監修・宝島社・２０２０年5月）も参照しています。企業ＳＤＧｓについては、これらも合わせてお読みいただければ幸いです。

著者紹介

笹谷　秀光（ささや・ひでみつ）
千葉商科大学基盤教育機構・教授
CSR／SDGsコンサルタント

1976年東京大学法学部卒業。77年農林省(現農林水産省)入省。中山間地域活性化推進室長、牛乳乳製品課長等を歴任、2005年環境省大臣官房審議官、06年農林水産省大臣官房審議官、07年関東森林管理局長を経て08年退官。同年（株）伊藤園入社。取締役、常務執行役員を経て19年4月退職。2020年4月より千葉商科大学基盤教育機構・教授。

現在、社会情報大学院大学客員教授、(株)日経BPコンサルティング・シニアコンサルタント、PwC Japanグループ顧問、グレートワークス(株)顧問。

日本経営倫理学会理事、グローバルビジネス学会理事、特定非営利活動法人サステナビリティ日本フォーラム理事、宮崎県小林市「こばやしPR大使」、文部科学省青少年の体験活動推進企業表彰審査委員、未来まちづくりフォーラム2019・2020・2021実行委員長。

主な著書に、『経営に生かすSDGs講座』（環境新聞ブックレットシリーズ14)、『協創力が稼ぐ時代―ビジネス思考の日本創生・地方創生』（ウィズワークス）、『Q&A SDGs経営』（日本経済新聞出版)、『SDGs見るだけノート』（監修・宝島社）ほか。企業や自治体等でSDGsに関するコンサルタント、アドバイザー、講演・研修講師として、幅広く活躍中。

○笹谷秀光・公式サイト―発信型三方良し―
https://csrsdg.com/

○笹谷秀光の「SDGs」レポート（Facebookページ）
https://www.facebook.com/sasaya.machiten/

3ステップで学ぶ 自治体SDGs
STEP② 実践に役立つメソッド

令和2年11月20日 第1刷発行

著 者 笹谷 秀光

発 行 株式会社ぎょうせい

〒136-8575 東京都江東区新木場1-18-11
URL：https://gyosei.jp

フリーコール 0120-953-431
ぎょうせい お問い合わせ 検索 https://gyosei.jp/inquiry/

〈検印省略〉

印刷 ぎょうせいデジタル株式会社

ISBN978-4-324-10913-7
(3100550-01-002)
〔略号：自治体SDGs2〕